中村天風述

君に成功を贈る

はしがき

自分が思い描く人生を実現したい、心豊かな人生に生きたい、とは誰もが願うことでしょう。ではどうすれば、自分の思い描く夢や願望が叶うのでしょうか。その方法を、やさしく解き明かしたのが中村天風という人です。

天風スピリットの基本的な考え方は、「心の想いが人生を創る」ということです。つまり、「心のあり方・使い方」ひとつで、人生をどこまでも生き甲斐のある、豊かな、幸福な、価値高いものにすることができるということなのです。

むかし中国で「陽明学」という、人生哲学を説いた王陽明という人は、人生は所詮、「喜怒哀楽」に尽きる、と述べています。

わかりやすく言うと、われわれの人生は、喜び、怒り、悲しみ、楽しみ、というその時折の日常的な感情に左右されているということです。中村天風は、「感情が人間の運命を左右する」と説いています。人生とは、日々の出来事に対する自己の「変化対応力」に左右されるのです。つまり、この人生を左右する四つの感情のなかで、喜びや楽しみをいかに多く自分自身に感じさせ、怒りや悲しみをいかに統御するか、ここで人生はまったく違ったものとなるでしょう。

ですが、言うまでもなく、この世は、多種多様な「人生の現場」を生きる人たちの集まりです。自分ひとりの欲望が叶えばいいという訳にはいきません。古今東西の諺にも、Happiness consists in contentment「足るを知る者は幸福なり」という言葉があります。自己の欲望と社会性を、いかにバランスさせるか、ということが肝要となるのです。

ですから社会性のある「喜と楽」、つまり他人に迷惑をかけずに、他人をも利する「利他」の精神で、「いかに喜び」「いかに楽しむ」かという、大らかなる術が必要となってくるのです。ここに天風哲学の本領があるのです。

本書は、中村天風「心身統一法」の考え方と実践の手法をやさしく解説したものです。

これは、生命を育む自然界の森羅万象をつかさどる大気・水・光という自然界のエネルギー源から、効率的かつ有効に生命の糧となる活力を、わが心身に取り入れることです。われわれは自然界の一員として、人間としての正しい認識と機能とを兼ね備えることができるのです。こうした基本的な自覚をもとに、それぞれが人生という現場に接するとき、中村天風「心身統一法」が社会に共感を呼び起こし、多様な観点から自己と社会を改革する基盤的な考え方となることでしょう。

中村天風の「成功」についての考えは、単純な「立身出世」を意味するものではありません。成功とは、絶えまない創造への努力がもたらす自然の結果なのです。

みなさん方の積極的な心のあり方と使い方で、調和のとれた素晴らしい二十一世紀「心の時代」が生まれてくることを願います。

二〇〇一年十一月吉日

財団法人天風会　前理事長　合田周平

現在の天風会、およびその活動等の詳しい内容については、
公益財団法人　天風会　までお問い合わせください。
東京都文京区大塚五―四〇―八（天風会館内）
電話　〇三―三九四三―一六〇一

目次

君に成功を贈る

はしがき

幸福な人生をつくる

強い命をつくる

価値高く生きる

思いどおりの人生に生きる

敵をも味方にする

笑いの人生に生きる

人生、極楽の秘訣

幸福な人生をつくる

他人に好かれる人になりなさい

みなさんごきげんよう。天風《てんぷう》であります。

お若い元気そうな、みなさんのお顔をみて、とてもうれしい思いを感じております。

きょうは、はじめて私の話を聴《き》かれる方が、半分ぐらいお集まりのようなので、新しく聴かれる方々《かたがた》に、特に申《もう》しあげておきたいことがあります。それは、私が大正八年から五十年来、このようにみなさんの前でお話をしておりますのは、ほんとうの人間をつくりたいから、ということなんです。

人間として生まれた以上は、なにをおいても第一番に「有意義《ゆうぎ》な幸福《こうふく》な人生に生きたい」と誰もが願うでしょう。ですが、あなた方が思いえがく夢なら夢、あるいは「ああなりたいなあ」という願いなら願い、出世や成功というものを実現するには、一番に、人間というものがつくられなければダメなんです。

こう申しますと、「だから一生懸命《いっしょうけんめい》に勉強したり、会社に入って勤労《きんろう》生活にはげんでいるじゃないか」と言うでしょう。

もちろん、それも有意義な幸福な人生に生きる一つの方法には違いありませんが、すべてものには、一番最初に必要なことがあるんです。

英語の諺《ことわざ》に「イット・ウッド・ビー・ファーストシング・アット・ファースト」という言葉があります。これは、「何もかも一番先に必要なものが必要だ」という意味であります。

さてそこで、みなさんに一つお訊《き》きしてみたい。この意味にのっとって、有意義《ゆういぎ》な幸福な人生に生きるには、なにをおいても一番先に必要なことはなんだと思われますか。

学問か、経験か、あるいはすぐれた手腕《しゅわん》か、むろん、それらも各々《おのおの》の人生においては部分的に必要な要素《ようそ》ですし、仕事にたずさわる場合にも必要な事柄《ことがら》には違いないでしょう。

しかし、ただいま申しあげた諺《ことわざ》に該当《がいとう》する事柄は、おそらくは知って知らずに過ごしていることではなかろうかと思うんです。

みなさん、注意ぶかくお聴《き》きなさいよ。何をおいても、かにをおいても、一番先に必要なことは、

「他人《ひと》に好かれる人間にならなければいけない」

ということであります。なんでもないことのようですが、これが、もう人生の一番の根本基礎《こんぽんきそ》なんであります。

どうですか、みなさん。なにか鳩《はと》が豆くらったような顔している人が多いようですが…。

何かもっと難しいことでも私が言うと思っていたんでしょう。ですがね、どんなに学問ができようが、どんなに経験を積もうが、どんな手腕をもっている人間であろうが、他人に好かれない人間というものは、もうだんぜん、有意義な幸福な人生に生きられないんですよ。

私も過去におもしろい経験が一つある。学生のころ、いつも首席《しゅせき》で、成績抜群《ばつぐん》な男がいたんです。すばらしい理解力があるうえに、記憶力がすぐれていて、この少年が社会人になったならば、すばらしい出世街道《しゅっせかいどう》を邁進《まいしん》するだろう、というふうに誰《だれ》もが思っていた男なんです。

そしてお互いが中学を出ると、ちりぢりばらばら。その後、およそ三十年ばかりの後です。

私はこういうお仕事をする前に、銀行を経営していたことがあるんですが、その銀行の庶務課《しょむか》に、どっかで見たことのあるような顔だが、思い出せない一人の男がいたんです。

「君、どっかで見たことのあるような顔だがなあ」

「いや、そのうちごあいさつに伺《うかが》おうと思っておりましたが、実は私、学習院の中学部でご一緒だったものです」

と言うんですよ。

あの優秀な成績をもった彼が、本来ならもう立派《りっぱ》な銀行の頭取《とうどり》か会社の社長になりえる資格をもった人間が、いまだに平《ひら》の事務員で働いている。その原因はどこにあるかというと、あまりにも出来がよすぎた結果として、「他人《ひと》に好かれる」という肝心《かんじん》なことに気がついていなかったんでしょう。

みなさんの仲間にも、何をしても抜け目がなく秀《すぐ》れていて、それで何となく人好《ひとず》きのしない人が、一人《ひとり》や二人《ふたり》おりはしませんか。

そんなにお互《たが》いにキョロキョロ見合《みあ》いっこしなくていい、顔に描《か》いてあるからわかります。（笑）

ですから、自分で、「他人に好かれる人間になろう」と努力すること。ほんとうに日々、日常の生活において注意しなくちゃいけないんですよ。

出世成功する人は、誰からも好かれる人である

みなさんご存じの、あの有名な豊臣秀吉《とよとみひでよし》という人、あのとおり異常《いじょう》な出世《しゅっせ》成功《せいこう》したのも、他人《ひと》に好かれるという要素《ようそ》があったからなんです。

今と違って武家本位《ぶけほんい》の時代、名家名門《めいかめいもん》に生まれた者《もの》でなければ、どんなに手腕才能《しゅわんさいのう》があろうと出世のできなかった時代に、名もない水呑百姓《みずのみびゃくしょう》の子に生まれながら、天下に志《こころざし》をたてて二十年で、日本六十余州の兵馬《へいば》の権を握《にぎ》ったことは、もうどんな人でも知っていますね。

人々の多くは、あの時代に異常な出世をした秀吉は、何かよほどの運命に恵まれた人間であるかのごとく考えているでしょう。

ちょうどいいチャンスに主人《しゅじん》の織田信長《おだのぶなが》が死に、そしてライバルの柴田勝家《しばたかついえ》が老《お》いぼれて、おまけに目の上のコブになるだろうと思った明智光秀《あけちみつひで》が敵にまわってこれを滅《ほろ》ぼすことができるというふうに、トントン拍子《びょうし》に天下をとる段取《だんど》りになるなんて、よほど運のいい人だったと、たいていの人は思っている。

なるほど、そういう方面からだけの観察《かんさつ》ならば、ラッキーボーイだと言えましょうけれども、そこまでになるまでの秀吉の一切を完全につくりあげたものは、秀吉自身、他人に好かれる要素があったからです。

いま言った明智光秀という人は、美濃の国の斉藤道三《さいとうどうさん》の縁戚《えんせき》であり、そして学問教養《がくもんきょうよう》があり、軍略兵法《ぐんりゃくへいほう》に長《ちょう》じ、戦《いくさ》が非常にうまくしかも射撃《しゃげき》の名手《めいしゅ》だった。

だから本来ならば一番先に頭角《とうかく》をあらわすべきはずなのだが、他人《ひと》に好かれるという要素《ようそ》が極《きわ》めて少なかったのが災《わざわ》いしたのであります。

それに主人の織田信長という人は歴史でご存じのとおり、戦《いくさ》には強かったが、わがまま勝手で非常《ひじょう》な疳癪《かんしゃく》もち。

その乱暴《らんぼう》な主人に仕《つか》えた秀吉の「他人に好かれる要素」というものは、ありがたいものですな。ずいぶん大きな失敗もしたけれども、「阿呆《あほう》」という信長の大喝《だいかつ》だけで済《す》んでしまう。

秀吉が、後の雁《かり》が先になるようにどんどん出世《しゅっせ》するので、あるとき大番頭《おおばんとう》の柴田勝家が、他の家来《けらい》たちの思惑《おもわく》も考えて信長を諫《いさ》めたところ、

「俺《おれ》はあいつ好《す》きだ」

と言って信長は、ニッコリ笑《わら》ったといいます。理屈《りくつ》はないんですよ。

こうした事実《じじつ》を静かに考えてみると、もちろん、経験《けいけん》も学問《がくもん》も手腕《しゅわん》も必要なものには違いないけれども、まず第一番に「自分というものが誰にも憎《にく》まれない」、「誰《だれ》からも好かれる人」にならなければダメなんです。

好かれてはじめて一切のすべての者と、たいした努力をしなくても解《と》け合うことができるようになり、自分の思い描く幸福な人生に生きることができるようになるんです。

しかし、これは訳《わけ》ないことのようで、なかなか訳なくない証拠《しょうこ》には、「ああそうか、それなら」と自分にその気持ちはあっても、どうすれば好かれる人間になれるかということがわからない限り、そうはなれないでしょう。どうです、あなた方…。

あまり好き嫌いのないようにしてごらん

さてそれでは、どうすれば「他人《ひと》に好かれる人間になれるか」ということを、やさしく教えるよ。

いいかい、他人に好かれようと思ったら、何よりも自分があまり好き嫌いのないようにすることです。

さあ、そこでお互いの胸に手を当てて考えてごらん。自分は好き嫌いがはなはだしいか、それとも天風の言うとおり、すべてのものを憎まないほうの気持ちが豊かに自分の心のなかにあるかどうか…。

今のマスコミ時代に生きる特に若い人々は、みんなエゴイスティックな気持ちのほうが盛んに心に燃えています。大義名分を本意として生きる気持ちなんて、今の日本人から消えてなくなったと思われるような時代ですからね…。

この前、日本中の大きな会社三十社ばかりの新入社員が、東京の天風会本部（護国寺）で合同合宿教練《きょうれん》を行いましたが一つおもしろい話があるんです。

これは私、直接関係せず幹部講師《かんぶこうし》が教師に当たったんですが、教練二日目のことだったそうです。

鹿児島から来ていた大学出の一人が、「自分はこういう話を聴《き》く必要がない」と言って帰ってしまった。そこで講師が怒《おこ》ってそこの会社の社長に電話したら「そんなやつは使わないから安心してください」と言って、いっぺんでその子はお払《はら》いばこになっちゃった。

　この報告を私受けて
「そりゃいかんよ。何も社長に言わずに引き留めてやればよかったのに」

と言ったんですが。

　まだ何が何だかわからず、最初にちょっと話を聴いてコンプレックスを感じて帰っていったんじゃなかろうかと思っている。まあ、過ぎてしまってとり返しのつかないことになった。

　ですから、みなさん方も、どんなにためになる話を聴くチャンスに恵まれても、自分自身に「受け入れよう」という受け入れ態勢が準備されていなければ、この青年のようにコンプレックスを感じることでしょう。

　だから今日、私がみなさんにお話しすることも、「有意義な幸福な人生なんかできなくてもいい」と思う人は聴かなくてもいいんですよ。

しかし、どんな物好きな人間でも、精神に異常のない限り、有意義な幸福な人生に生きたいと思うのが、こりゃ念願でしょう。それともあなた方は、「俺は苦労するのが好きなんだ、人生をのたうち回るのがたまらなくいいんだ」なんて、変態的な考えを持ってる？（笑）

いやしないでしょう、そんなへんてこりんな人間は。

「憂《う》き事のなほこのうへに積《つも》れかし限りある身の力試《ちからため》さむ」と言った熊沢《くまざわ》蕃山《ばんざん》のような人でも、憂き事を憂き事と思いたくないからこそ、あの歌を詠《よ》んだのです。

何はともあれ、他人《ひと》に好かれる人間になりましょうや、ねえ。そうすれば、おのずと有意義な幸福な人生に生きられるんだから。

嫌いな相手には、つとめて親切にしてごらん

自分自身があまり好き嫌いがはなはだしいと、自分もまた、やはり他人《ひと》から好き嫌いに扱《あつか》われます。

エマーソン（アメリカの思想家）は、「他人に疎《うと》んぜられるまえに、他人を疎んずるな」と言ってますね。他人に嫌われるまえに自分が他人を嫌うなという意味です。

だからどんな場合があっても、他人を嫌いになる人間になってはダメだぜ。

人、人のなかで生きているお互いなんだから…。

人間同士の間で生きている以上、いつもそこに互《たが》いに解《と》け合っていける温《あたた》かい気分がなくてはダメなんですよ。だから、好き嫌いのはなはだしい人は、心を切り替えることです。

あなた方は正直でよろしい。「心を切り替えるったって、どうすりゃいいんだ」って顔に出てる。あのね、私ね、あなた方がなに考えてるとか、すぐにパッとわかっちゃうの。顔見るだけで。

「ああ、きょうの晩飯《ばんめし》は何を食べたろうかしらん」とか、「この先生いくつくらいかしらん」とか、「ああ、好《す》いたらしい女がいるなあ」とか、実にいろいろ思っていますねえ…、あなた方（笑）

天風はね、できる人にものを教えているんじゃないの。できない人に、どうすればできるかを教えているの。でかす方法をやさしく教えるから、とにかく実行してごらんよ。

気持ちを切り替えるというのはね、

「常に嫌いだと思う相手には、つとめて親切にし、やさしくするような気持ちに自分を仕向《しむ》ける」

ということよ。どうだい、言われてみると、訳ないだろう？

大切なことは、最初のうちは、向こうのほうでこっちを相手にしないかもしれないってことです。ですからその時も、

「あんちくしょう、この俺がやさしくしてるのに、図に乗りやがって…」

なんてこと、思っちゃいけないのよ。あなた方、すぐそれやるからねえ。それじゃ前と一緒だもの。（笑）

ですから、向こうが相手しなくたって、それだけでやめてしまってはいけ

ないんですよ。こちらの思うとおり、向こうがすぐそう思ってはくれやしませんもの。

ましていままでの自分を考えてみたときに、なかなかそんなにうまくしっくりいかないのが当たり前だと思ったら、小野道風《おののとうふう》（平安中期の書家。和様書道の開拓者）の見た蛙《かえる》の、あの話を思い出してごらん。

何遍《なんべん》も何遍も向こうの葉っぱに飛びついちゃあ落っこちて、馬鹿《ばか》な蛙だなあ、と思っていたら、ある日飛びうつっちゃってた。それを見た道風がハッと気づいて、書の道に突き進んでいって、あんな立派な業績を残しえた、という話ですよ。ねえこれですよ。

ですから、途中でやめず、幾度《いくど》かしくじりをくり返していても、努力すること。そうしていれば必ずうまくいくんですから。

自分のことをするときと同じ気持ちで他人のことをしてあげてごらん

そこで、好き嫌いのはなはだしくない人間になろうと思ったら、どんな場合にも「真心《まごころ》の親切」でもって他人《ひと》に接《せっ》することです。

真心の親切、これは大変むずかしいと思うかもしれないけれども、むずかしくも何ともない。自分のことをするときと同じ気持ちで他人のことをしてあげればいいんです。

何はさておき、自分のことをするときと同じ気持ちで、他人にもしてあげるというふうに心がけることです。

あなた方、たとえば自分のことをするときには誠心誠意《せいしんせいい》して、他人のことにはいい加減《かげん》な気持ちでするという悪い癖《くせ》が、悪い癖だと思わないでやっている、そこに欠点《けってん》があるのですから。

あなた方、いい加減な気持ちでなければ、何か褒美《ほうび》をもらうために人助けをしたりしてない？「あの重たそうな荷物を持ってあげたら、あの人お小遣《こづか》いくれるかしら」とか「ここで手伝ってあげたら褒《ほ》めてもらえるかしらん」とかね。(笑)

そういう気持ちじゃダメなのよ。

だから、他人のことをするのが嫌だと思ったら、そのときは「もしも私が彼だったら」と考えてごらんなさい。フランスの哲学者ベルクソンの言葉にも「イフ・アイ・ワー・ヒム」というのがあります。

自分の友達なり、あるいは勤労《きんろう》の相手なりが、何かの事情《じじょう》で困《こま》っている場合、「もしも、自分がこういう立場になったらどうだろう」と考えたならば、骨身《ほねみ》を惜《お》しまず真心《まごころ》で力添《ちからぞ》えしてやる、それが人間として必要だというのであります。

目色《めいろ》、毛色《けいろ》の変わった日本人以外の人にも、「イフ・アイ・ワー・ヒム」という考えがあることを考えたならば、古来《こらい》何千年、大義名分《たいぎめいぶん》で生きてきたことを誇《ほこ》りとした日本人なら、先《さき》んじて、そういう生き方をしなくてはいけないでしょう。

そしてもう一つ大事なことは、真心の親切をすると同時に、「絶対に他人《ひと》に迷惑をかけない」ようにしなくてはダメです。あなた方の中にも、やたらに他人に迷惑をかけるのを、なにか「これが人生」のように勘違《かんちが》いして生きている人がありはしませんか。

とくに現代の人々にはそれが多いようです。が、どんな場合でも自分の言葉や行いで他人に迷惑をかけないようにしなければいけませんよ。自分の言葉や行いが、他人を怒らせたり、他人に心配かけたり、迷《まよ》わせたりすることは断然、しないことです。他人を怒らせたり迷惑をかける人で、「他人に好かれる人間」というのはいやしないんですから。

それと、他人から受けた恩義《おんぎ》はもちろん、どんなささいな事でも、他人の好意は常に大きな感謝で受け入れることです。

大きなことだったら有難《ありがた》がるが、小さなことだったら当たり前というような顔している罰当たりな人が多い。とくに戦後の日本国民には、感謝の念《ねん》が薄《うす》くなったように思われるふしが、各方面に見受けられますよ。

何をする場合でも、現在恵まれていることに感謝しなさい

現在、世の多くの人々は、働くのは、学校を卒業して就職試験に合格したからとか、あるいは生きていくために、というのが大抵の人の目的ではなかろうかと思います。

しかし、お互い人間がこうして働くのは、人間の生まれついた役目なんです。どんな身分になろうと、健康である限り、働かなくてはならないようにできています。これ、人間として生まれた者に与えられた大きな恩恵《おんけい》であり、

慈悲《じひ》であります。

どうです、みなさんが現在こうやって生きていく際に与えられている、目に見えない大きな恩恵に気がついたことがありますか。

第一、生きるために人間以外の生き物の命をとっても、許されてる場合には刑罰《けいばつ》は受けない。釣りにしても、禁漁区《きんりょうく》以外のところで釣って家へ持って帰って食べてしまうでしょう。

よく考えてみると、みなさんは人間に生まれたばかりに、無断でものの命をとる権利をもっているばかりでなく、つきつめていくと、変な言い方ですが、何もかも思いのままに、タダでふんだくってこれる自由さえ与えられていませんか。

こう言うとあなた方、「冗談じゃない、泥棒《どろぼう》じゃあるまいし、タダでものをふんだくったりしない」、と言われるでしょうが、ここにおもしろい話があります。

昔、三月の雛節句《ひなせっく》の雛壇《ひなだん》に飾る桃の花を荷籠《にかご》に入れて江戸の市中《しちゅう》をふれ売りしていた一人の小僧《こぞう》がありました。すると、その後ろから盤台《ばんだい》をかついで得意回《とくいまわ》りをしていた魚屋が、その小僧を呼びとめて、

「おい小僧、その桃の花くれ」

「買ってくれりゃいつでもやるよ、一把三文《ひとわさんもん》だ」

「ゼニとるのか」

「売りものだからゼニとるよ、俺《おれ》の小遣《こづかい》にするんだ」

「この野郎《やろう》ふてい野郎だ。山からタダでとってきたんじゃねえか、それをゼニとるのか」

「ああそうかい。なるほどタダでとってきたものなら、ゼニとって売っちゃいけねえのか」

「そうだよ」

「ふーん、そんならおじさんの鯛《たい》をタダで俺にくれるかい」

「冗談《じょうだん》こけ、俺ちゃんとゼニ出して問屋《とんや》から買ってきたんだ」

「ああそう、問屋へゼニ払ってもってきたんかもしれねえけど、じゃ、問屋はどこからとってきた」

「問屋は漁師《りょうし》からよ」

「漁師はどこからとってきた」

「漁師は海から」

「海からゼニ出してとってきたのかい」

「阿呆《あほう》、海からゼニ出してとってくるやつがあるかい」

「そんなら、もとはタダじゃねえか。タダのものなら、タダでくれ」

という話がある。これは一つの作り話にすぎないものの、味わうべき言葉でしょう。

人間はこれあるがために、毎日こうやって満足に生きられるのであります。飲まず食わずに生きている者はいません。人間の食べている食物《しょくもつ》はお互いの命を養《やしな》うためにその命をずいぶんと犠牲にしているものがあるわけです。菜っぱ一つでも、魚や肉でも、みんな生きた生命をもっていたものでしょう。それで無言《むごん》の犠牲《ぎせい》を提供して何の苦情も言わない。

何かといえばすぐストライキだ、コンプレックスだっていう人間とは違って、いまだかつて豚や牛のストライキなんて聞いたことはないでしょう。笑いごとじゃありませんぜ。

そういうふうに、よく考えてみると一つ一つがほんとうにありがたい恩恵で、われわれは生きているのです。だから、箸《はし》と茶碗《ちゃわん》を手にした刹那《せつな》、「世間には飯《めし》が食べられないで困っている人間もあるだろうに、こうやってつつがなく頂戴《ちょうだい》できるのか。ああ、ありがたや」と思う気持ちだけでも持つのが当然でしょう。

と言ってもピンとこないほど現在の人は、あまりにも当然の権利のように思っていやしないかと思うんです。どうです、みなさん。

私は三年の間、インドの山中《さんちゅう》で生活したことがあります。そこはヒマラヤのカンチェンジュンガの麓《ふもと》。そのとき、その部落《ぶらく》にいる人を見て、「同じ人間ながら生まれた場所が、日本とインドという違いだけで、人間として文化の恵《めぐ》みを受けないで生まれおちるからこんな山中で終わるのか。それも一生だが、かわいそうなものだなあ」と思ったとき、日本に生まれた自分を何ともいえない大きな幸福感でもって感謝した覚えがあります。

つつましやかに感謝の念をもって生きるようになったら、どれだけ人生のスケールが大きくなるかわからない

とにかく、何をする場合でも、現在恵まれている自分を感謝《かんしゃ》しなければいけませんよ。病《やまい》になっても、運命が悪くなっても感謝するんです。こう言うと中には、

「何かもらったとか何とかなら感謝もするが、患《わずら》って感謝する馬鹿《ばか》があるか」と言う人もいるわね。でもそういうふうに考える人があったら、そう考える人こそ馬鹿ですよ。

私も初めてそれを言われたときわからなかった。私がインドでひどい病を患っていたときです。毎日、そりゃ形容もできない病の苦《くる》しさで辛《つら》い思いでいたとき、ある朝、私が教えを受けていた先生が、

「お前って、世界一の幸福者だね」

と、こう言うんです。明日をもしれない重病《じゅうびょう》で苦しんでいる時だけに、その言葉を聞いて私、腹《はら》がたちましたよ。「ひやかしも、いい加減にしてください」と言ってやりたかったが、向こうは階級の違う先生だから、突《つ》っかかっていくわけにもいきません。そうしたら、

「お前よく考えなさい。お前は自分が現在患っていることを非常に恨《うら》みがましく思っているかもしれないけれど、死なずに生きていることをなぜ感謝しないんだ。よしんば、死んだからって喧嘩《けんか》にもならないし、それにまだ死なずに生きているじゃないか。そのうえ、その病があればこそ、このインド

の山の中まで来て、人生というものを研究《けんきゅう》しようという真面目《まじめ》な気持ちになれるんだ。もしも病《やまい》がなかったら、何の役にもたたない他《ほか》の所へ行ってしまうだろう。それを考えてみれば、病に対してなぜ感謝しないいんだ」と言われ、ああそうか、私は阿呆《あほう》かいなあと思った。

私、世の中にはもっと恵まれて丈夫《じょうぶ》で幸せに生きている人もあるだろうに、自分は何も悪いこととした覚えもないのに、こんな病を患うなんて、神も仏もあるもんかって考えてた。

ありがたい、嬉しいなんて気持ちはちっともなく、見当《けんとう》はずれな恨《うら》みをもち、愚痴《ぐち》を言っていたんです。だから自分ながら愛想《あいそう》のつきるほど汚《きた》ない気持ちと、不平不満《ふへいふまん》ばかりで、感謝しなければならないような場合でも感謝せず、何の権利もないくせに自分だけには幸せな運命が来るのを当然のものとし、それをなし能《あと》う資格があるように、その当時の私は考えてた訳《わけ》なんです。

ですから、感謝の念のない人間は不幸ですよ、ほんとうに不幸ですよ。もののありがた味がわからないのですから。

何を見ても聞いても腹がたって、コンプレックスを感じる人生が愉快《ゆかい》ですか？　つつましやかに感謝の念をもって生きるようになったら、どれだけ人生のスケールが大きくなるかわからないでしょう。

結局、人生といっても、それを決定するものは、心なんです。昔から言っているでしょう、「心ひとつの置きどころ」と。

側《そば》からは辛《つら》かろう、苦《くる》しかろうと思うようなことでも、本人があぁ嬉《うれ》しい、ありがたいと考えれば何でもないんだ。何もかも心の置きどころを替えることです。それが本当の意味で「イット・ウッド・ビー・ファーストシング・アット・ファースト」なんです。

自分自身を自分自身が磨かない限り、自分というものは本当にえらくならない

人間というものは、一ぺん死《し》んでしまうと二度と出てこられないんです。この厳粛《げんしゅく》なる現実を、あなた方、本当におわかりですか。失礼ですがそのように見えないんですがね。

「ひょっとして、俺は一度死んでも、もう一回出てこれるんじゃないか」と考えてませんか。それともあなた方の中で、「私は一回死んで、二度目の人生」という人いる？　そういう人いたら、精神病院いったほうがいいよ、

あぶねえから。(笑)

二度、三度くり返すことのできない人生に生きていて、その人生を価値なく生き終わってしまったんでは、何のために生まれてきたかわからないじゃないですか。

価値ある人生に生きようとしたら、価値ある人生に生きる一番最初に必要なことをつくりあげる。すなわち、自分の心のあり方を替えなくてはダメなんですよ、わかりましたか。

さあ、有意義《ゆういぎ》な幸福な人生に生きるために大切なことを、振り返ってもう一ぺん、大事なことだけ言うよ。

第一に、他人《ひと》に好かれること。他人に好かれようと思ったら、自分が好き嫌いを言わないこと。それから同時に、どんな場合があっても、思いやりをもって「もしも自分があの人ならば」という真心で親切に応接《おうせつ》する。

それから他人《ひと》に迷惑を絶対にかけないこと。

さらに他人から受けた恩義《おんぎ》は、どんなささいなことでも重大に考えて、本当に心からの感謝で報《むく》いるようにすること。

そうして自分の心をおおらかにし、自分の人生を心のもち方でつくり替えていくようにしようというのが、今日のお話のあらましであります。

さあみなさん、今日から自分をどんどん研《と》ぎあげていきなさい。

結局、切磋琢磨《せっさたくま》という言葉のとおり、自分自身を自分自身が磨《みが》かない限り、自分というものは本当にえらくならないんですよ。境遇《きょうぐう》や環境《かんきょう》が自分をえらくしたり、幸福をもたらしたりするんではないんですから…。

みなさん、「天は自ら助くるものを助く」という格言知っているでしょう。この言葉どおりです。これが有意義《ゆういぎ》な幸福な人生をつくるゴールデン・キーなのであります。

強い命をつくる

偶然の機会で聞かされたことが、自分の一生の大きな守りになることがあるんだぜ

さて、誰にでも性格の違いはあっても、常識の変わりはそうあるもんではありません。聴かれるにしたがって、今日の講演で本当に自分の将来の人生に対して、非常な力ある頼もしさを自己自身に感じせしめられれば、真《まこと》のお幸せであります。

この間《あいだ》も、大阪で私が梅田《うめだ》の駅を降《お》りますと、年の頃《ころ》七十四、五の頭のまっ白けなおじいさんがニヤニヤ笑いながら私に近づいてきて、

「失礼ですが間違いましたらお許しを願いますが、天風先生じゃありませんか？」

「あぁ私、天風ですが」

「私はかつて陸軍大学に在校中に先生のお話を承りました石川という男であります」

「はあ」

「まだ私が陸軍大学の特殊聴講生《とくしゅちょうこうせい》でおりましたときです。日清事変《にっしんじへん》の始まり早々《そうそう》でありましたが、先生がおいでになってお聴かせくださった心と人生という問題、たったわずか一時間の講演でありましたが、あの講演をお聴きしております」

「そう」

「以来、幸か不幸か二・二六事件の時はちょうど陸軍参謀本部に勤務しておりましたし、運命のいたずらか、私はいつも生死の岩頭《がんとう》に立たされるような場面に遭《あ》ってきましたが、陸軍大学でたった一時間拝聴《はいちょう》した講演が、どれだけ私を心強く活《い》かしたかわからないのであります」

と、こう言うんです。このことを聞いて、なんとも言えない私は大きな喜びを感じたもんであります。

いいですか、みなさん。若いときでも、その時、偶然《ぐうぜん》の機会で聞かされたことが一生忘れないで、自己人生の大きな守りになる、ということがあるんですよ。

ですから、これからお話しすることは、結局あなた方の生命のためになる話なんですから真剣にお聴きください。

みなさん方の中には、「今日これから話す天風という人はもう来年九十になる人だ、俺たちと年の開きがあるから、我々の参考になるかしらん」という風に感じている人があるかもしれませんけれど、生きてるということは年の相違《そうい》じゃないんですぜ。来年九十の私も現在生きてるからこうやって口きいてんのよ。(笑)

私は私の長い人生の実際経験《じっさいけいけん》をもととして、あなた方の生命に、なにがなしの価値《かち》の高い参考《さんこう》を捧げたいと思います。年若うしてあなた方がやはり同じ生命を持って生きておられるから、この場面で私の話を聴かれるのでありますます。

特にお若いあなた方には、前途洋々《ぜんとようよう》たる未来がありますから、天風、いつにも増して、わかりやすくお話をしたいと思います。ですから、年齢を超越《ちょうえつ》して人間同士、本当の人生幸福の真理を考え合わせるというつもりでもって聴かれることを希望します。

現代は、物質文化が異常に進歩して、精神文化がおいてきぼりにされている

今日の私の演題は、心の問題という漠然たる問題ではありますが、じつはこれは思想的に考えりゃ漠然《ばくぜん》たる問題ではありますが、真剣《しんけん》に生命というものを考える人ならば、これはまさに捨てがたき大問題であります。

と申しあげてもです、みなさん方の大部分は、生命に対する心というものの重大性を正しく認識していないんじゃないでしょうか。

前にも申しあげたとおり、私は大正八年からこの尊いお仕事をしておりま

すが、この五十年の間に私が経験した事実から考えてみますと、昭和二十年より前の人々と後の人々とでは、心に対する考え方に、たいへんなそこに違いがあるのであります。

もっとはっきり申しあげると、昭和二十年までの多くの人々の心に対する考え方は、今の人の考え方よりもその重大性をもっと価値高く認識されております。もっともこれはあなた方の責任なり、あるいは義務になることじゃありません。

これは時代相応《じだいそうおう》の一種の自然傾向《しぜんけいこう》であります。もっと率直《そっちょく》に言うと、物質《ぶっしつ》文化が異常に進歩して精神《せいしん》文化がおいてきぼりにされたという、この自然な傾向の中に生まれ、かつ生活しているために、肉体のほうばかり尊重して、心のほうはどうしても、おろそかにするつもりでなくとも、自分の注意から外に置かれているのであります。

これはあなた方ばかりでなく、日本人の一般的傾向なのであります。ですからこうした問題を仕事の中心としてる私たちの経験では、昭和二十年以後の人々のほうが、お導《みちび》きするのにも非常にお導きにくいのであります。

心というものの重大性を本当に認識してませんから、まず心の重大性からはっきりわからせないと、「ああそうか」と思ってくれないからなんです。

多く言うまでもなく、人生というものはどんなに学問をしようが、またどんなに名誉を高めようが一回限りであります。もちろんそういうことは私が申しあげるまでもなく充分ご自覚になってますでしょう。人生はたった一回限りであります。ダブルページはないんであります。

生まれていったん死んでしまったら、もうそれで自己人生っていうものは終わりになる。一回限りの人生である以上はあくまでもその人生を価値高く活かさなきゃ人間お互い、万物の霊長としてこの世に生まれた甲斐がないでしょう。

ということぐらいは誰でもが考えてる常識です。考えてる常識だがこの考えてる常識どおりに本当に価値高く人生を生きてる人がはたして何人いるでしょう。百人よせて一人おぼつかない。千人よせて一人、これもどうやら。厳密に言ったらあるいは十万人か二十万人に一人じゃないでしょうか。そしてそのあとはただ生きていられるが故に生きてる、という惰性的毎日を過ごしながら、時がくればあの世にいっちまってるんです。

常識で考えてください。人間この世に生まれて、なんのなすところもなく、ただ生きて死んでしまったんじゃ、なんのためにこの世に生まれてきたか意味がないでしょう。ですから私はあなた方に、心というものの重大性を正しく認識してもらい、取り替えることのできない人生に応用していただきたいのであります。

心が完全でないと、命そのものが不完全となる

これから申しあげることを、本当に「ああそうか」とたとえ信念にならないまでも、あなた方のひとつの観念になってくれれば、今後のあなた方の人生において、どれだけ大きく役立つものになるかわかりません。

ただ今も申しあげたとおり、今の世の中の多くの人々は、命というものを考える場合に、何よりも一番先に考えなきゃならない心というものを考えないで、肉体ばっかり考えるということが、何か命を考える場合の先決問題の

ように考えていて、この間違いを間違いと思わない間違いを持ってるのであります。いかがです、あなた方は…。

さて命。これはもう深く考えるまでもなく、命というものは目に見える肉体と目に見えないしかも幽玄微妙《ゆうげんびみょう》な働きのある心がうって一丸とされたのが命だっていう事は誰でもご存じでしょう。

しかしそれだけでは心の重大性っていうものをしっかり自分のものにすることはできないのであります。

なぜ私が、心の重大性を口を極めて諸君の自覚を促《うなが》すために絶叫《ぜっきょう》しているかというと、「心が完全でないと命そのものが不完全となる」という、結果がくるためであります。

さて考えてみてください。命、肉体、心。この心と肉体とが、うって一丸とされたのが命に違いないということは今も申しあげたとおりですね。常識ではおわかりになってるが、では、この心と肉体と結びつけているものが何であるかを考えたことがありますか。たいていの人は言われてみればすぐに気がつくんだが、平素の人生に生きる場合、あんまり注意を払ってないものですから、

「心と肉体の間にこの両者を結合してる大きなそこにサーキットがあるということをご存じですか？」

と言われるとそのとたんに答えきれない人が多くないかい。専門の医者でさえ「ああそうか」と、言われてみて気がつくんであります。

もっとひらったい言葉で申しましょう。お互いどうして生きてるんでしょう。何が我々をこうして生活せしめてるんでしょう。もっと卑近《ひきん》な例から言えば、食ってたれて、寝て起きて、絶え間なく呼吸することだけで我々は生きてます。手段はそれだけで生きてます。

食って飲んでたれて、寝て起きて、呼吸するだけで人間は一様にそれで生きているんです。文化人であろうと野蛮人であろうと。

しかしそうすることで、「一体どういう理由で、なぜ生きてられるんだろう」って、これ考えたことおありですか。

当たり前だというんじゃ全然めちゃくちゃな議論になりますよ、これ。「食って飲んでたれて、寝て起きて、それで息してりゃ生きてられんの当たり前じゃないか」ってね。（笑）

たしかに当たり前のことなんですよ。でもね、当たり前のことをやって、そして生きてられんのはどういう訳だろうということを、ちょいと考えてみましょうや。

あなた方、人間というものが、どうして生きていられるのかを、考えたことがあるかい

私もあなた方の年頃の時分には、ぜんぜん、こんなこと考えなかった。私なんかがあなた方の年の時分にはもう、あなた方から見たら人間だか猿《さる》だかわからんくらいな無鉄砲《むてっぽう》な毎日でしたよ。

「理屈《りくつ》もへちまもあるかい。今日あって明日なき命だ。理屈なんかどうでもいいんだ。やるだけやれ」てなことで生きてました。

のみならずこうやって、お若いみなさんのお顔を見ると、私にも思い出ぶ

かいものがあります。ちょうどあなた方の年頃に、私はもうすでに満蒙《まんもう》の奥地《おくち》深くに侵入《しんにゅう》しまして、やがて始まるであろう日露《にちろ》戦争に対する日本の陸軍の作戦計画の裏面工作《りめんこうさく》に従事《じゅうじ》しておりました。

明治三十五年の十二月、日本の国民がまだロシアと戦いなんぞひらくということは夢にもしらない時分《じぶん》、陸軍参謀本部情報班員《りくぐんさんぼうほんぶじょうほうはんいん》として私は蒙古《もうこ》の奥に派遣《はけん》されたのであります。

私は、同じ軍隊でも、裏の裏の仕事をするならば、せめて満州《まんしゅう》か、満州がいけなかったら南京《なんきん》か北京《ぺきん》か、できるなら上海《しゃんはい》あたりで働かしてもらいたいな、という希望を持っていたんであります。一応《いちおう》、上官《じょうかん》が私の希望を訊《き》くんです。

「おまえ一体《いったい》どこ行って働きたい」

「は、私は上海へ行って働きたいと思います」

「ダメだ。上海あたりへ行ったらきさま日本人だってことがすぐわかる。きさまの面《つら》ならば蒙古《もうこ》だ」

それで蒙古。（笑）

希望もしない蒙古の奥で、明治三十五年の十二月から日露戦争の終わる明治三十九年の建国の日にあたる二月の十一日に任務が解除されるまで足かけ五年、今日あって明日なき命の毎日を生きてたその当時の年頃が、ちょうどあなた方と同じぐらいの年頃であります。

それくらい無鉄砲に生きてた私が、そのままで何事もなかったとしたらば、もちろん今日まで生きられようはずもなければ、もうとうに価値のない人間として、いずこの野辺《のべ》の草の露《つゆ》となったかわからないでしょう。

しかし、今から考えりゃ幸い、その時から考えりゃ不幸の絶頂《ぜっちょう》でしたが、戦争が終《しま》いになってまもなく、ひどい病《やまい》に侵《おか》されてしまったのであります。

それというのも、心と肉体との関係について、ぜんぜん無知であったがためなんです。

ですが、その病のお陰で、「人間というものが、どうして生きていられるのか」、ということを悟りえることができ、こうしてみなさん方の前でお話しすることができているんですがね…。

あなた方、心と肉体を結びつけているものは何か知ってるかい？

まあ簡単にご説明すれば、心と肉体とを結びつけているものは神経系統《しんけいけいとう》というものなんです。簡単にいえば神経。これが生かしてるんです人間を。これがちゃんと働かなくなってしまうと、哀《あわ》れ惨憺《さんたん》たる状態になってしまうんです。私も、ひどい病を患うまでは、そりゃあ、自他共に許していい、頑健《がんけん》以上の体をもってたもんであります。

世の中の人々は、どうしても信じられない本当は信じない

きょうは、せっかくお若い方々を前にしておりますから、私があなた方と同じ年頃の時のお話を、ちょっぴり申しあげたいと思います。

先ほど申しあげたように、私は軍事探偵《ぐんじたんてい》として軍隊で働いていたんですが、実はその当時、まだ日本にはいわゆるインターナショナルスパイというものを教育する機関《きかん》は何もなかった。

昭和の七年ごろになって、中野学校《なかのがっこう》というのが建てられて、軍隊用語でい

えば情報班員《じょうほうはんいん》、俗語《ぞくご》を使えば軍事探偵というものをこしらえるひとつの組織《そしき》が秘密で計画されて、そして実際的に行われるようになったんです。ですから、私の時代にはそういう組織もありませんでした。

軍事探偵の募集《ぼしゅう》ですから、もちろん堂々《どうどう》と公《おおやけ》には募集することはできません。こちらばかりでなく、戦争する相手のほうも虎視眈々《こしたんたん》とこっちの軍備というものを、これはもうひそかに偵察している。お互いにさぐり合いの上手《じょうず》なほうが戦《いくさ》をする上で、非常な方便を得《え》られるんですから。

だから縁故募集《えんこぼしゅう》。秘密の上にも秘密であります。縁故募集といっても極《きわ》めてそれは厳しい縁故募集です。

そしてそれを採用《さいよう》する際の試験官《しけんかん》というものが、一人につき最低三十人から五十人つくんです。一人を試験するのにですよ。

で、試験科目っていうのはたった三つしかない。

第一が度胸《どきょう》。軍事探偵ですから、度胸がなければつとまりません。第二は武術《ぶじゅつ》。今の柔道《じゅうどう》で言うと、五段以上になりましょうか。剣道《けんどう》なら六段以上。「どっちが得意《とくい》だ」って試験官《しけんかん》が訊《き》いてきます。

私はまあ柔道のほうでしたが、柔道なら柔道、剣道なら剣道で「よし道場《どうじょう》へ来《こ》い」と呼《よ》ばれる。とにかく陸軍大学《りくぐんだいがく》の猛者連《もされん》がてぐすねひいて待ってますからね。「どんな野郎《やろう》か、来たらひとつぺしゃんこにしてやろう」ってんで腕によりかけて待ってやがる。こいつをパスしなきゃいけない。

試験といってもね、武術道場のまん中に仰向《あおむ》けに寝《ね》かされて、長さ一丈《いちじょう》（約三メートル）ばかりの竹《たけ》の物干《ものほ》し竿《ざお》もってきて、それで両方に陸軍大学の猛者《もさ》が、重石《おもし》のようにその竹竿を上から押すのであります。

それを喉《のど》の上にあてといて、「二十数《かぞ》えるまで耐《た》えろ」っていうひどい試験なんです。それを耐えきれる人間だけしか採用しないんです。たいてい、まいっちゃいます。まいれば喝《かつ》を入れて復活《ふっかつ》させます。いま防衛大学《ぼうえいだいがく》でそういう試験方法やったらだれも一人も受けにこないでしょうな…。(笑)

そしてそれが終わるとこんどは、柔道の稽古着《けいこぎ》の帯《おび》をほどいて首へひっかけられて背負《せお》われるんです。そして二百畳《にひゃくじょう》はある陸軍大学の、ほんとに大きな道場を一回り。むろんたいてい落ちてしまいます。落ちると、担いでってくれるんです。その背負われ方でこいつはダメだとかいいとかってことがわかるんです。

「どうにだってなれ」というような気持ちで背負われてるやつは採用されるけども、苦しい、たまらない、はあはあっていってるやつは不採用。これ苦しいですよ、とにかく。のど絞められて首くくりのまねしながら背負われるんですから。

それから三番目は注意力。これがまたうるさいんです。ひと月かかるんです。とにかく裏の裏の裏で働かなきゃならない、縁《えん》の下の力持ちという言葉がありますが、縁の下じゃない穴蔵《あなぐら》ん中で働かなきゃならない仕事ですから、それはいささかといえども注意に粗漏《そろう》の点があれば自分一身《じぶんいっしん》の危急存亡《ききゅうそんぼう》ばかりじゃない、それがもとでもって、日本全体の軍隊に大きなスポイルを与えますから。この三つです。

学問の試験というのは実に滑稽《こっけい》きわまるような試験だったんです。

「おまえ字が書けるか」

「はっ」

「自分の名前、書けるか」

「はっ」

「仮名《かな》か本字《ほんじ》か」

「本字で書けます」

「なら書いてみろ」

「はっ」

「下手《へた》だなきさま、これいくつって書いたんだ」

「五であります」

「こっちは二か」

「三であります」

「よし、あっちいけ」

学問の試験はこんなもんなんです。(笑)

世の中にはどうしても信じられない本当と、ぜんぜん根も葉もないこったが、どうも本当らしいぜ、と思うことと二色《ふたいろ》ありますな。

そして世の中の人々は、どうしても信じられない本当は信じません。嘘でも本当らしいなと思うことはすぐ信じるという、おっちょこちょいな軽率《けいそつ》なところが人間にはあるんです。

だからこれから申しあげることも、信ずる信じないはあなた方の勝手ですがね、秘密募集でその当時集まった青年が、三千人いたんですよ、三千人。

この話をしますとね「そんなことないだろう。いくらなんでも、行きゃあ生きて帰れない、そして手柄《てがら》立ててもそりゃ当たり前だと思われるような軍事密偵《ぐんじみってい》になるのに、三文《さんもん》にもならないのに三千人も集まったなんて嘘《うそ》だ」と、こう言いますよ。

しかしその当時の青年は、今の一般青年から考えりゃ精神病《せいしんびょう》だったんでしょうな。手柄立てても三文にもならない軍事探偵の募集に、こんなにも大勢の青年が応募したんですから。まあ、この私もその一人ですが…。

ですから秘密募集を私の恩師《おんし》、頭山満翁《とうやまみつるおう》（政治結社、玄洋社の創設者）から聞かされたとき、軍事探偵としての秘密募集だとは知りません。

「おいどうじゃい、腹いっぱい暴《あば》れられるところがあるぞ。人殺《ひところ》しても、懲役《ちょうえき》に行かず、喧嘩《けんか》しても警察《けいさつ》へ行かんでよかとこあるぞ、行くか」

「参《まい》ります」

ってんで、これが軍事探偵になった動機《どうき》なんです。

そして採用されたのが三千人の中からもう選《よ》りに選って二百人。その二百人は一年間、陸軍大学の秘密教室で、軍事探偵としての訓練を受けるんであります。

一人に少なくとも三、四十人の陸軍大学の教官がついて。そりゃ、もうたいへんな訓練でしたよ…。

あなた方の肉体を活躍せしめるものは、あなた方の心である

訓練中、いちばんつらかったのはね、鰹節《かつおぶし》一本を教官がもってきて「おい、今日から五日間、これ一本で校舎の天井《てんじょう》に忍《しの》べ。天井裏《てんじょううら》へ入って、しょんべんも大便も音のしないようにそこで処理しろ」って言うの。鰹節一本で五日間ですよ。

本職《ほんしょく》の軍事探偵になりゃ結局、敵の密議《みつぎ》を傍聴《ぼうちょう》したり、秘密書類をこっちへ頂戴《ちょうだい》するという目的があります。けれど練習ですからね、いわゆる演習だ

もん。天井裏に五日間、鰹節一本で。いいって言われるまで降《お》りちゃいけないんですよ。
そりゃもう飯《めし》のとき、茶碗《ちゃわん》まで食いたいくらい腹《はら》の減《へ》る年頃ですからね、それが五日間、鰹節一本で、糞《くそ》しょんべんも…。(笑)
笑いながら聞いてるけど諸君ねえ、糞しょんべんを、たれるべき所《ところ》でない所へたれて、知れないように処理しろってことぐらい、難しいものはないんだぜ。
とにかく大便のほうはうまく処理ができますよ、臭《くさ》いの自分が辛抱《しんぼう》すりゃ。でもね、しょんべんのほうは流れるってやつですからねありゃ。あれを天井裏でもって、とにかく下へこぼれないように処理《しょり》するというのにはです、相当微妙《そうとうびみょう》な流転運動を行わなきゃできないんであります。(笑)
まあ、あなた方、笑っておかしくて、おもしろく聞いてるけど、やる身になってごらんなさい。

とにかくこの演習、もうこれが一番つらかった。他のことはあんまりつらいと思わないけど、食い物を削《けず》られれんのがそりゃもう、一番つらかったんですが…。

それから首かせ手かせで、もちろん座ることはできるけど、腰かけたまま、立つこともできない格好《かっこう》で三日間こうやってろって。なんで俺はこんなこと志願《しがん》しちゃったんだろうって、さすがに思いましたよ。(笑)

そりゃ私のように、進んでお国のためにと思う気持ちでなった人間でさえ、そう思うんですから、二百人選《よ》りに選りぬいて採用された人間の中で、今いうノイローゼになってしまったやつもいましたよ。

その時分には神経病《しんけいびょう》って言いましたが、神経病、気《き》やみの病《やまい》。やっぱり逃《に》げ出すやつがいたり、自殺《じさつ》するやつがいたり、三人自殺しましたがね、それから気違《きちが》いになったやつも、ずいぶんいました。

これは後に、戦争が終《しま》いになって明治四十二、三年頃、憲兵本部《けんぺいほんぶ》の調査《ちょうさ》でわかったことなんですが、いざ戦地《せんち》に派遣《はけん》されて戦争でお役に立った人間は、二百人のうち、一一三人しかいなかったそうです。

みなさん方、笑いながらよくお考えください。選《よ》りに選った、肉体のすこぶる頑強な人間ばかりにもかかわらず、なぜこんなにも役に立たないようになってしまったのかっていうことを…。

私はこういうお話をあなた方にしながらも、その当時、もしも現在の私のような先輩《せんぱい》が我々《われわれ》の頭《かしら》にいて、私がするような話を聞かしてくれたらば、自殺するやつも気違いになるやつもいなかったろうになあ、と思うのです。それというのも結局、心と肉体との関係について、ぜんぜん無知であったがためなんです。

さっき、少しだけ申しましたが、心と肉体とを結びつけているものは神経《しんけい》系統《けいとう》というものなんです。英語で言えば「ナーバス・システム」。これが生《い》かしてるんです人間を。私がこうやってしゃべってるのも、これが機能してしゃべってるんです。

しゃべってることがおかしかったら聞きながら笑います。厳粛《げんしゅく》を感じりゃ襟《えり》を正《ただ》しくするというのもこれ。食《く》って飲んでたれて、寝《ね》て起《お》きて息《いき》して肉体が生きていられるのも、この神経の働きというのがあるからなんです。

だからなによりも人生、重大に考えなきゃならないのはここなんです。いいですか、人間を生かしている、この神経の働きを堅持《けんじ》するには、「心の態度」というものが何よりも必要だ、ということなんです。では、いかなる態度が必要かというと、積極的《せっきょくてき》という心の態度です。ひらったく言うと、心を強く保つこと。心をいつも明るく朗《ほが》らかにするということです。

事あるも事なきも、いつも積極的という心でその心を保《たも》たないと、このナーバス・システムというものは、うまく平均した状態で働かない。すると、肉体に必ず故障《こしょう》というものが生じてくるんです。

ですから、命を本当に大切だと思ったら、いや思わなきゃいけませんが、あなた方というものを現実《げんじつ》に活躍《かつやく》せしめるものはあなた方の肉体ではありますが、その肉体を完膚《かんぷ》なきまで理想的《りそうてき》に活躍せしめるには、あなた方の心の態度を常に積極的に保つ、ということが必要なんですよ。

とにかく、この微妙《びみょう》な生命を生かしている神経の働きが、完全に行われない限り、どんなに学問しようが成績がよかろうが、仕事ができようが金持ちになろうが、その人個人の生命存在《せいめいそんざい》は、むしろ価値のないものになっちまう恐れがあるんですぜ。

あなた方、もし病でもってもうダメだ、と言われて、ああそうですか、お世話になりましたって言えるか

第一、心が積極的《せっきょくてき》でなくなると、思うとおりにこの肉体を強く、頼《たの》もしく働《はたら》かすことができなくなります。

若いときはね、人間っていうものが、そうめったやたらと患《わずら》うもんじゃないように思ってるんですよ。ましていま現在が非常に丈夫《じょうぶ》だと、「俺《おれ》は大丈夫だ」とこう思うんですよ。あなた方もそう思ってやしませんか？　私がそうだったもん。

雨にたたかれようが風にふかれようが、何日も何日も、木の上で寝ていても睡眠不足《すいみんぶそく》にもならず、疲労《ひろう》もせず倦怠《けんたい》も感じず、風邪《かぜ》ひとつひかなかったほど丈夫でしたよ。

その私が、戦争が終《しま》いになった明治三十九年、私は陸軍から派遣《はけん》されて、当時、伊藤博文《いとうひろぶみ》（明治時代の政治家。初代首相）さんが統監《とうかん》をされていた朝鮮《ちょうせん》統監府《とうかんふ》の高等通訳官《こうとうつうやくかん》を拝命《はいめい》したんですが、任務について三月目《みつきめ》に大喀血《だいかっけつ》。

まったくねぇ、青天《せいてん》の霹靂《へきれき》と例《たと》えたい驚《おどろ》きでしたよ。風邪ひとつくしゃみひとつしたことがない人間が、戦争終《お》わって悠長《ゆうちょう》な任務《にんむ》について、もう極《きわ》めてのんびりとした勤務《きんむ》になって三月目。

その当時、私大尉《たいい》だったんですが、ある朝、顔を洗《あら》ってますと、なにかこう胸にこみ上げてくるものがあるんです。

「さてはゆんべは飲み過《す》ぎたかな」と思って、指つっこんでバーっとはい

たらまっ赤《か》な血だ。わきに陸軍の中尉《ちゅうい》がおりまして、

「おや、こりゃあ大尉殿《たいいどの》どうなさいました」

「いや鼻血《はなぢ》だろう」

「いや鼻血とはちがう。鼻血はこんなふうに泡《あわ》のある血じゃない。これね、悪いことは申しあげない、すぐに医局《いきょく》へいきましょう」

「なんでそんなにお前あわててんだ」

「いや実は、私の兄《あに》がですね、これと同じような病《やまい》で死んだんです」

けっして、私を脅《おど》かすつもりで言った言葉《ことば》じゃないんでしょうけども、親切《しんせつ》に思いやり深《ぶか》く言った言葉でも、善意《ぜんい》の悪意《あくい》になりますわね、これ。

「私の兄がこの病で死んじゃったんですよ」って一言《ひとこと》で、死ぬことなんかなんとも思わなかったはずの私が、いっぺんで、へなへなーって。絵《え》にも筆《ふで》にも描《か》けないおののきですかなあ…。

それでそう言われたら、もううまく歩けねんだ。人間てものは情《なさ》けないほどあわれなもんでねえ、血は肺《はい》から出たんだ、足から出たわけじゃねんだから足は運《はこ》べそうなもんだけど、もう歩けないんですよ。(笑)

それで軍医から「絶対安静」って言われましたよ。戦争中、なんべんか私は牢屋《ろうや》にぶちこまれたことがあるけれど、牢屋の中だって医者から絶対安静なんて言われたほどつらくはなかった。

そしてまあ、看護《かんご》につくやつが口《くち》ぐちに「えらい病《やまい》にかかっちまいなすったなあ、あなたは。この病で助かった者《もの》はいないですよ」なんてこと言いやがる。それでますます、はあーとなってしまいましたよ。

私はね、明治三十七年の三月二十一日、人呼《よ》んで俗《ぞく》に言うコザック騎兵《きへい》と言われた、帝政《ていせい》ロシアのあの屈強《くっきょう》な騎兵隊に捕《つか》まりまして、そして朝の五時に死刑の宣告《せんこく》を受けて七時に断頭台《だんとうだい》の上に立たせられた経験をもってる。

そのときも、死ぬということを格別《かくべつ》なんとも思ってなかったことは事実であります。もっとも死ぬことが嫌《いや》だったら軍事探偵なんか志願しやしませんもん。

任官《にんかん》の日に、のちに元帥《げんすい》になった川村という人に、そのときは中将《ちゅうじょう》でしたが、「おめでとう。男、生まれて男一代《いちだい》、男らしく生きて男らしく死ぬ。うらやましいな。今度は靖国神社《やすくにじんじゃ》で会おう」これが出発の時の言葉でありました。

そういう言葉を、その当時の青年はもう「血わき肉踊《にくおど》る」のつもりで聞いたもんですよ。「は、ありがとうございます」って。今の青年にそんなこと言ったら、いま現《げん》にあなた方がお笑いになったように笑うでしょうなあ。

だからいまから銃殺刑《じゅうさつけい》になるってときもね、私に目隠《めかく》ししようとやってくるから、「目隠しなんかいらねえ。それよりもあの撃《う》ち手に撃ちそこなうな、生殺《なまごろ》しにすんな、心臓《しんぞう》はここだ。俺《おれ》の手をやってるとこをねらって撃てってって言え。俺は俺の体のどこに弾《たま》があたって死ぬか、それをはっきりおぼえて死にてえ」って言ってやったんです。

それくらい本当に死ぬことを恐ろしいと思いませんでしたよ。何しろ出発の時もうすでに、こんど会うのは靖国神社だって言われたんですから。生きて帰らないことはもちろん念頭《ねんとう》にあります。軍国の青年、すべからくお国のために花となって散ろうという気迫《きはく》もあります。

その人間がだ、これはあなた方もしっかり考えなきゃだめだぜ。時と場所の違いによって、何とも思わなかった死に対する恐怖《きょうふ》が、もう心全体を包んじまうんです。あなた方、もし病でもって「もうダメだ」と言われて、「ああそうですか、お世話になりました」って言えますか…。

病や不運というものは、自分が犯した罪の結果、生じたものである

自分じゃ実際《じっさい》の話、なんにも悪いことしたって思ってない。年の若い時分《じぶん》から多くの人が学校学校と騒《さわ》ぐ時代に、もうすでに私はシナへ行っちゃって、命がけのご奉公《ほうこう》を、男一代《おとこいちだい》の楽しみとしていただけ。

「これから先《さき》も悪いコトしないのに、なんだって俺《おれ》はこんな目にあうんだろう」って、病《やまい》のときつくづく自分というものをうらめしく感じてましたよ、これもなにか前世《ぜんせ》の約束《やくそく》じゃないかと…。

しかしこれがね、結局《けっきょく》、盗人猛々《ぬすっとたけだけ》しいという世《よ》の言葉《ことば》どおりで、私、インドでもってインドの先生に教えられたのよ。

インドに行きついたきっかけは、まあまったくの偶然《ぐうぜん》みたいなものです。この病をなんとか治したい一心で、思いあまってアメリカやヨーロッパの権威者を次々にたずねたんですが、だれからも満足《まんぞく》な答が得られませんでした。それで同じ死ぬなら桜の咲く故郷《こきょう》の日本《にっぽん》でと、マルセイユの港《みなと》を出たんです。途中《とちゅう》、船はスエズ運河《うんが》でイタリアの軍艦《ぐんかん》の事故で五日間の停泊《ていはく》にあい、ピラミッド見物《けんぶつ》にでもとカイロに出かけたのが、そのインドの先生に出会ったきっかけです。

エジプトの国の夜明けは三時ごろもう明るくなりますから、早く寝て、三時に洗面所へ行って顔を洗っているときにガーッと喀血《かっけつ》。体がヘタヘタッとなってしまって、もう、ピラミッドを見に行くことも何もできませんでしたよ。担《かつ》がれるようにしてベッドに横にされて、私は寝てました。

そうしてると親切なアフリカ・インディアンが来て「客人、体が悪いのか。スープか何か飲め」って言って、私を引っかかえて、食堂のなかの食卓の椅子《いす》に腰かけさせたんです。

これも人の親切だと思うから、運んできてくれたスープを、食べたくもないけれども、一口、二口飲んでいるときに、ヒョイと五間（約九メートル）ばかり向こうに、不思議な光景を見たんです。

薄紫《うすむらさき》のガウンを着た、背の高さは私ぐらいの、色の黒さも私ぐらいの男がひとり椅子に腰かけて食卓を前にしていると、その後ろにアフリカ・インディアンが二人立って、孔雀《くじゃく》の大きな羽根で飛びくる蝿《はえ》を追っているんです。

「恐ろしくものものしい奴がいやがんな。あれなんだろう」と思った。それでボーイがいちいち最敬礼《さいけいれい》しては運んできたものを脇《わき》のデスクの上に置いていくんですから。「ははあ、これはどこかの王様かな」と思ったよ。それで食卓に蠅が不時着《ふじちゃく》すると、紫のガウンを着ていた不思議な男がギュッと指をさすと、蠅がヒョッと動かなくなる。

後ろのインディアンが長い箸《はし》でその蠅をとっ捕《つか》まえては脇の大きな灰皿みたいなものの中へ投げ入れている。自分の身に病があるのも、疲れるのも忘れて、「ありゃりゃ」おかしなことしやがるな、何だろうこれはと思って見ていたら、向こうから「こっちへ来い」と流暢《りゅうちょう》な英語で呼ぶんです。

それがカリアッパ先生だったんです。先生は年にいっぺんずつ、英国皇室の招待《しょうたい》でイギリスに遊びがてらに行っていたんですが、その帰り道に先生についていってインドに行ったんですす私。その先生がね、

「おまえ、おまえのその患《わずら》ってる原因《げんいん》がなんだってことわかるか」

「わかりません」

「おまえは聞くところによると、アメリカのコロンビア大学で医学《いがく》を勉強したそうだな」

「はい、アメリカで勉強しました」

「医学を修得したもんが、自分の病《やまい》がどういう原因《げんいん》でそうなったかわかりもせず、自分の病を少しも治せないなんてどういうわけだ」

「そりゃそんなことおっしゃったって無理《むり》でしょう。私だって治したい、治りたいのはやまやまですけども、なんとしても治らないから国法《こくほう》ぬって、かようなところまで来ちゃったわけであります」

「ふーん、そうか。おまえ自分の犯《おか》した罪《つみ》の報《むく》いと思わないの？」

「犯した罪？　私は俯仰天地《ふぎょうてんち》、何も恥《は》じません」

「ほー、おまえ、なにも悪いことしたことないと思ってるの？」

「悪いこと何もしやしません、これから先もです。多くの青年たちが親のとこでもって、甘《あま》えながら学問学問と言ってるときに、私は早くも単身《たんしん》、蒙古《もうこ》の奥に入りこんで、日本の軍部のために裏の裏のつらい仕事をつらく思わずやってきた男です。なんにも悪いことした覚えはありません」

「あっそう、おまえはアメリカの大学まで出ていながら、それがわからないの？」

「なんか悪いとこがあるんですか？」

「ああ、ある」

「へー。自分じゃ何も悪いことしたことがないと思ってんのに、あなたの目から見るとあるんですか？」

「ある。この世の中に無《む》から有《ゆう》は生じない。原因《げんいん》があっての結果《けっか》だ」

「ほう承《うけたまわ》りましょう、その原因ってなんでしょう」

「おまえは人を殺したことがあるだろう」

「あ、それならあります。しかしそれは戦《いくさ》ですから」

「だからって人殺《ひところ》していいっていう法《ほう》があるか」

「だって戦なら人殺しあうじゃないですか」

「それがすでに人間としての間違《まちが》いだ。ほんとうの人間の理想郷《りそうきょう》はお互《たが》いに愛し合うその境涯《きょうがい》が理想郷だろう」

「だって国と国と戦《たたか》ってますから」

「その国と国が戦うってのがすでに人間同士《にんげんどうし》の感情《かんじょう》のもつれじゃないか。利害《りがい》が相克《そうこく》することによって生《しょう》じた結果だ」

「はあ…」

「たとえおまえがお国のためと思っても、殺された人を見てみよ。親もありゃ兄弟《きょうだい》もありゃ子供もあるだろう。そういう人たちから見たときに、これも国のために殺されたと思って喜《よろこ》ぶか。殺されたほうの人間になってみよ」

「ああ、そうか」

「ああそうかじゃないよ。殺したほうはいい気持ちで殺したかもしれないが、殺されたほうはけっして満足《まんぞく》して死んじゃいない。それをおまえは罪《つみ》だと思わないか。それが結局《けっきょく》、一切合財《いっさいがっさい》の遠因《えんいん》となって今まさに、おまえはそういう病《やまい》にかかってるということに、強い反省《はんせい》を心に持たなきゃだめだ。その反省がやがておまえをよりもっと幸福なものにしてくれる原動力《げんどうりょく》になるだろう」

と、こう言われたんです。

それではじめて私わかりましたよ。自分に降りかかる不運《ふうん》なり不健康《ふけんこう》というものは、自分が知ってか知らずに関《かか》わらず、原因《げんいん》はすべて自分にある。

病なり不運というものは、自分が犯《おか》した罪の結果、生じたものなのであります。

いついかなる時といえど、心の尊さと強さと正しさと清らかさを失っちゃいけないよ

それから私、そのインドの先生にいろいろ訊《き》きましたよ。

「ではどうすれば、この病《やまい》を治《なお》すことができますか」

「おまえはどうも肉体ばかり考えているが、肉体ばかりいくら考えてもだめだ」

「へ？　この病は肉体が患《わずら》ってるんじゃないんですか？」

「おまえは心の態度というものを考えたことがあるか。心をいついかなる

ときも、事あるも事なきも、常《つね》に心を積極的《せっきょくてき》にしろ」

「はあー。でも心を積極的にしろって言われても、どうもよくわかりませんが…」

「もっとやさしく言えば、生まれたての心にかえるこった」

「無理《むり》なこと言っちゃあこまるなあ。私はねえ、生まれて数年後《すうねんご》に私ってものが生きてることに気がついたんです。だから、生まれたときどんな気持ちをもってたか知りませんよ」

「それはおまえ理屈《りくつ》だよ。おまえが知る知らざるとて真理《しんり》は常《つね》に公平《こうへい》だ。人類《じんるい》はどんな悪人《あくにん》でもまた善人《ぜんにん》でも一列平等《いちれつびょうどう》。オギャーとこの世に生まれたとき、その心は無色透明《むしょくとうめい》なんの色にも染《そ》まっていないピュアなもんだ。その心に自分の心をかえせ。それが積極的《せっきょくてき》な心だ」

「はー。生まれたての赤《あか》ん坊《ぼう》の心がピュアだってことはわかりましたが、ピュアってことをもっとわかりいいように説明《せつめい》してくれませんか」

「それは、尊《とうと》さと強《つよ》さと正《ただ》しさと清《きよ》らかさを失わないことだ」

お互い生まれたときはみんなそうだったそうですな。どんな極悪非道《ごくあくひどう》の人間《にんげん》か鬼《おに》かわからないようなやつでも、生まれたときのその心は尊く強く正しく清いんです。

あなた方でもそのとおりで、ただいつの日か知らず知らずに、ものごころがつきだすと同時《どうじ》に失《うしな》われてしまったんです。

それでなくてさえ現代《げんだい》のようなマスコミの時代《じだい》、気のつかない間《ま》にこの「尊さ、強さ、正しさ、清らかさ」が泥塗《どろぬ》られるような、ゴミ垢《あか》ぼこりが心についちゃって、そして今あるがごとき、自分が考えても情《なさ》けないような心ができあがっちゃってるのであります。

こう申《もう》しあげると、「俺《おれ》は別に情《なさ》けないと思わねえよ、俺はあくまでも尊く強く正しく清い」と、こう思ってる人が中にはあるかもしれません。

ですがね、のべつ悲観的《ひかんてき》な言葉《ことば》で充満《じゅうまん》している現代のマスコミのこの時代に、心がけずして尊く強く正しく清くというふうに心を堅持《けんじ》して生きている人は、それこそもうほとんどいないでしょう、と私は確信《かくしん》をもって断言《だんげん》します。その方面《ほうめん》のお仕事を五十年やってますから。

みなさん方も、なんでもないときは虚心平気《きょしんへいき》、「矢《や》でも鉄砲《てっぽう》でももってこい」ってぐらい、我《われ》ながらほれぼれするような、尊さ強さ正しさ清らかさを持っておいでてでしょうが、なにか事《こと》あるとき、「いざ鎌倉《かまくら》」のその時、たいていの人の心は、この反対《はんたい》の状態《じょうたい》になっちまうんであります。

いついかなる時といえど、心の尊さと強さと正しさと清らかさを失っちゃいけないのであります。

具合が悪いときに具合が悪いと言ったら、具合が悪いのが治るかい

心の尊《とうと》さと強《つよ》さと正《ただ》しさと清《きよ》らかさが、万《まん》が万一《まんいち》にも失《うしな》われてしまうと、心が弱くなる。すると、たちまちものの声に応《おう》ずるように神経《しんけい》の働《はたら》きも弱まっちまうんであります。

さっき言った「ナーバス・システム」ね。これが命《いのち》を生かしてる中枢《ちゅうすう》の力でありますから、中枢力《ちゅうすうりょく》がボルテージをおとしちまったらば、命もたちまちものの役にも立たないことになるんですよ。

あなた方も、本気でおっかながっちまったり、あがっちゃったりすると、尊さも強さも正しさも清らかさもありゃしねえ、ふわーっとなっちゃうでしょう。そういうことあったでしょ今までに、ふわーっとなったこと。そうなるともう人間なんかじゃありません。ロボット、ロボット、魂《たましい》の抜《ぬ》け殻《がら》。(笑)

だから今日の話で「あーそうか」と思ったら、心のたてなおしに努力《どりょく》なさい。いかなる場合があろうとも、尊さと強さと正しさと清らかさを失うまいぞってね。そのためには、いいかい、自分の心の中に「悲観的なもの」「消極的なもの」を一切、入れないことです。

それにはまず言葉に気をつけることです、言葉に。どんな場合にも、「こまった」「弱った」「情けない」「悲しい」「腹がたつ」「助けてくれ」なんていう消極的な言葉を絶対に口にしないことです。

いいですか、言葉にはね、その言葉が発せられると、観念を通じてその言葉の通りの影響がでてきてしまうという応用・作用力があるんですぜ。

ですから悲観的な言葉を発すれば、悲観的な影響が自分自身に返ってきてしまうんですよ。ちょうど池に石をポチャーンと落とすと、向こう岸にあたって波が返ってくるように。

言葉には人生を左右する力があるんです。この自覚こそが人生を勝利にみちびく最良の武器なんですよ。

たとえば病のときでも、あなた方は、やれ頭が痛いのケツが痛いのって、のべつ体の具合の悪いということをさかんに言ってやしないかい。

こう言うと「痛いときに痛いって言って、なにが悪いんですか」なんて言う人がいますが、具合が悪いときに具合が悪いと言ったら、具合が悪いのが治りますか？　運命が悪いときでも「ああ、俺はなんてついてないんだ」って言ったら、運命がよくなりますか？

言ってよくなるなら、もうどんどん言いなさいよ。でもね、よくなりゃしないですよね。

ご参考までにお話ししておきましょう。あの東洋のネルソン（イギリスの海軍提督）とまで称讃《しょうさん》された東郷平八郎元帥《とうごうへいはちろうげんすい》（日露戦争の時、連合艦隊司令長官としてバルチック艦隊を破った海軍大将）、みなさんご存じでしょう。

元帥は、晩年《ばんねん》に喉頭癌《こうとうがん》に侵されてしまったんですが、喉頭癌というのは、とにかく普通の癌とちがって、食べるのはもとより、息ひとつするんだって、そりゃあ痛みの激しいものなんです。

そのため元帥もだいぶこれには悩《なや》まれたらしく、あるとき私に、

「天風先生、このできもんは、痛みのひどいものですが、いったい、どうしておればよいでごわすか」

とあの薩摩弁《さつまべん》でたずねてこられました。私は、相手が普通の人間でないので
すから極《きわ》めて単刀直入《たんとうちょくにゅう》に、
「その病《やまい》は痛いのが特徴です。ですから痛いと言っても、言わなくても、
生きているかぎりは痛みます」
と率直に言ったんです。すると元帥は破顔一笑《はがんいっしょう》されて、
「痛むのがこの病の特徴でごわすか」
と言われ、なんとその後、亡《な》くなられるまで、一言も痛いと言われなかった
そうです。医者が診察《しんさつ》したときも、
「お痛みですか」
「痛むのがこの病の特徴でごわす。しかし天風さんのお蔭《かげ》で元気でごわす」
と笑顔でお答えになったそうです。そして、元帥は医者が思っていたより、
ずっと長生きされましたよ。

凡人と偉人の違いは、こういうところにあります。

これが普通の人なら、死ぬような病でなくとも、少しでも痛みのある病にでも侵されようものなら、医者が「痛みますか」なんて訊《き》けば、待ってましたとばかりに「痛いですよ、とってもたまりません、何とかしてください。注射、注射」なんておおげさに騒ぎますよ。そして軽くすむ病を重くしたり、長引かせたりしてる。

厳粛な真理の上で申せば、こうした消極的な言葉を言えば言うほど、よりいっそう悪い状態が自分自身に返ってきてしまうんです。

ですからどうせ言うならその同じ口で、「ああ、ありがたい」「ああ、楽しい」「ああ、嬉しい」って言ってごらんよ。積極的な言葉を自分が発すれば、期せずして病も運命も、どんどんよくなっていくようになるんですよ。

いくら言っても別に税務署に金もってかれるわけじゃないんだから。(笑)

寝床では、考えれば考えるほど嬉しくなること、思えば思うほど楽しくなることだけを考えてごらん

同じように、他人《ひと》の言葉にも気をつけなきゃだめよ。この現代のマスコミの時代、もう世の中、消極的な暗示でもって充満してますからね。

とくに女同士の会話きいてりゃ、もう毒薬のやり取りですな、あれは。

「あら、あなた今日はちょっとへんね。顔、青いわよ」

「あらそう、どうしようかしら…」

「どこか悪いんじゃないの」

「最近どうも寝つけなくてね」

「あらあなたも？　私もそうなのよ、何か悪い病気かしらん」

なんてね。あなた方もやってない？（笑）

自分じゃ気がつかなくても、消極的な言葉が、そりゃのべつ飛びかってるんですよこの世の中は。それで、すぐにその消極的な言葉に引っかかって、ずるずると消極的な暗示をかけられてしまってるんです。

ですから、これからは常に他からの事項に対して、消極的かどうかを取捨選択してから取り入れるように注意すること。少しでも消極的なものを感じたならば、だんぜん排斥《はいせき》することです。

「あ、これは消極的だ」って感じたら、だんぜん受け入れない。もう、パッとうち消しちゃいなさい。

顔色悪いわねって言われたら、「あらそう、青いほど豆はおいしいわよ」

ってね。

それから、態度も大事ですよ。常に、人と接するときは、明るく、朗《ほが》らかに、イキイキとして勇《いさ》ましい態度で応接するように。

ですから、積極的な態度で人に接するためには、いついかなる時にも、本心良心に悖《もと》った言葉や態度は、だんぜん言ったり、行ったりしないようにすることです。

もっとやさしく言えば、何かを言ったり、行った後、自分自身で、何かこう、気がとがめるような、なんだか後味がわるい、というようなことを言ったりしなきゃいいんですよ。

もちろん努力すると同時に諸君がすぐ気がつくことは、「あー心ってものはむずかしいもんだなあ。体なら右向《む》けって言やあ右向くし、左向けって言やあ左向くが、心は天風先生の言うとおり、尊く強く正しく清くってえが、なかなか自由にできねえな」ときっと思われる時がきます。一度や二度は成功しても、コトとモノの次第《しだい》によっちゃあ、ぜんぜんできないことがある。なかなかできないのが本当ですよ。

ですからね、心の垢《あか》をとりのぞいて、積極的な心をつくるいちばん簡単な方法を教えるね。

それには、寝《ね》がけが肝心《かんじん》なんです、寝がけが。今晩《こんばん》、家に帰ったらあなた方、寝床《ねどこ》に入るでしょう。「俺はぜったい寝ないよ」って人にはこの方法は無理《むり》ですがね。(笑)

理想的には、寝床に入ったらなにも考えないのが一番いいんです。なーんにも考えないのが一番なんですがね、これ意外とむずかしいんですぜ。

とくに夜中なかなか寝つけないときなんか、「なにも考えちゃいけない、なにも考えちゃいけない」って、一生懸命《いっしょうけんめい》に考えたりしない?

あなた方笑ってるけどね、人間とはおかしなもんで、そうなっちまうんですよ。ご経験《けいけん》あるでしょう、あなた方も。

あげくに、きょう一日、自分の身のまわりでおこった「面白くないこと」「腹がたったこと」をだれにも頼まれもしないのに、わざわざ思いだして「あの野郎、許せない」なんて寝床で起きあがってまで、念には念を入れて怒ってやしない？（笑）

これ、寝ぎわの心をさらに汚しているんですぜ。あなた方、心の垢《あか》をとりのぞくどころか垢まみれになって寝るのは本当に得意だもんね。

だからね、そんな時は、夜の寝ぎわ、考えれば考えるほど嬉《うれ》しくなることや、思えば思うほど楽《たの》しくなることだけを、もう、心にありありと描《えが》いて寝るようにしてごらん。

「先生、興奮《こうふん》してよけい寝られなくなった」なんて言いなさんな。（笑）

仮《かり》に一日《いちにち》や二日《ふつか》、寝られなかったとしても、心がそりゃ、きれいになることを考えたならば、とくに現代のこのマスコミの時代、自分の命というものを本当に大切に考えたならば、夜の寝ぎわだけは、きれいな心で寝るようにしてごらん。どれだけ命が強くなるかわからないから…。

価値高く生きる

非常に偉くなる人というのは、同じ話を聴いても、その聴き方、受けとり方が極めて真剣だよ

みなさん方にお目にかかれて非常にうれしく思います。

おまけに今日は気持ちのよい日本晴《にほんば》れ、いえ日本晴れという言葉は少し古くさいので天風晴《てんぷうば》れのほうがよいでしょうか。(笑)

とにかくとても気持ちのよい日です。そういう日にお会いできるよろこびは、また格別なものです。

さて、みなさん方のなかには、まだ完全な社会人にならない若い方もある

ようですが、その年齢ごろから、人生に関する講演を聴かれるチャンスに恵まれるということは、なんとも言えない幸福なことであります。

たとえば植木《うえき》に肥料《ひりょう》をやるにしても、必要だからといって、やたらに肥料をぶっかけても成長しません。植木が肥料を欲しがってる時にかけてやらなきゃだめなんです。

人生に関する話もこれと同じで、結局、人間となる場合に必要な肥料も、やはりかける季節があるんです。その人が人生を、ほんとうに求めている状態《じょうたい》の時でないと、与えたものが心のなかで、よく噛《か》みくだかれないという結果がきてしまうんです。

私も、この尊いお仕事をはじめてから五十年。この五十年の過去《かこ》の経験《けいけん》から言うと、実際《じっさい》、いま言ったような言葉を言わずにはいられないような、さまざまな思い出があります。

同じ集《あつま》りで、同じ話を聴《き》いて、非常《ひじょう》にぬきんでて偉《えら》くなる人と、いつまでたっても偉くならない人との差が、そこに出てくるんです。

その原因は、人間のもって生まれた素質《そしつ》にあるように考えている人が多いかもしれませんが、そうじゃありません。

ではどうして、偉くなる人とそうならない人と、差が出てくるかっていうと、同じ話を聴いても、聴き方、受けとり方がぜんぜん違うからなんです。

そして、受けとったことを自分の人生に、どう応用《おうよう》していくかということだけの差なんです。

たとえば、天風会（天風先生主宰の会。現在も東京の護国寺、天風会館にて活動中）の会員で、実業界《じつぎょうかい》に成功した一人に、松下幸之助《まつしたこうのすけ》（松下電器創業者）氏がおります。

この人が私の話をはじめて聴いたのは、とおい昔の四十八年前のことです。

当時彼は、長屋を三軒ぶち抜いたところで、十人ばかりの徒弟工《とていこう》を使って電灯の線をむすびつける仕事をしていたころです。

思えば、四十八年前、そのとき世界的に有名な電機王《でんきおう》になるなんてことは、私はもちろん、本人も思っていなかったでしょう。

しかし「栴檀《せんだん》は双葉《ふたば》より芳《かんば》し」、若いときの彼は、普通の人の聴《き》き方とぜんぜん違っていましたよ。

学問も工手学校《こうしゅがっこう》（工業校）の夜学《やがく》を出た程度《ていど》でしたが、聴き方が一生懸命《いっしょうけんめい》であっただけに、受けとり方も他人よりはるかに内容量《ないようりょう》が大きかったのに違いない。

その結果が、今日《こんにち》あれだけの結果を生みだしているんです。

重要なことを聴くときは、恋人の言うことを聴くような気持ちで聴くようにしてごらん

ですから、こういう思い出から考えるとき、先にみなさん方に注意しておきたいことは、その聴き方なんです。

聴く気持ちがないときに、いくらためになる話を聴いても、どうしても耳に入らないんです。空腹のときには、どんなまずいものでも、おいしく感じますが、食欲《しょくよく》がなければ、山海《さんかい》の珍味《ちんみ》を目の前に並べられて、たとえ口に入れてみたところで、ちっともうまくない。いやいや呑《の》みこんじゃうのと同じ

ことです。

しかし、みなさん考えてくださいよ。これは、いつも私が言う言葉ですけれども、人生というものは、一回限り、どんなに文化が発達したって、二度、三度とくり返すことはできないんです。

そして現在、ただいま、今日のこの瞬間《しゅんかん》というものは、永久《えいきゅう》に帰ってこないんです。どんどんどんどん、過去のものになってしまうのが、お互いの人生なんです。

もっとはっきり言えば、現在がどんどん過去になって、自分というものは、どんどん人生の最後の終点である「死の墓場」を目ざして、われわれの生命は歩《あゆ》んでいるんです。

ただ、今日《きょう》、自分は死なないから、お互いに安心しているようなものの、人間というものは、結局、死ぬために生まれてきたような存在であるだけに、それだけに、生きている間《あいだ》は、真剣に自分の人生というものを価値《かち》高く活かさなきゃいけないんですよ。

おわかりですか、みなさん？

ですから、本日、このような尊い集まりで、自己人生にとって大切な話を聴かれるチャンスに恵まれたのですから、もう、これ以上に真剣になれねえってくらいに真剣な気持ちでお聴きください。

もっと平たいことばで言えば、はっきりした気持ちでもってお聴きくださ い。はっきりした気持ち、おわかりになるでしょう？

なんなら、もっとやさしく言おうか。

いいかい、重要なことを聴くときは、恋人の言うことを聴くような気持ちでもって、聴くようにしてごらん。

どうだい恋人持ってる人。いや、恋人いなくたって、自分が「好《す》いたらしいなあ」と思ってる人が言ってるの聴くとき、一生懸命な気持ちでその人の言うことを聴くだろう?。

ついでに言うとね、重要なことは、けっして手帳やノートなんぞに書きなさんな。人間はね、覚えなきゃいけないことは、覚えられるようにできているんだから。

恋人の言うことを聴くような気持ちでもって人の話を聴いたならば、そりゃ覚えないようにしようったって、忘れやしませんよ。

さ、わかったね。そうした気持ちでもって今日の講演を聴かれ、自分の人生の肥料として応用されることを希望いたします。

月を見ても、花を見ても、「ああ、きれいだな」と思うのは、あなた方の心である

さてお互いの人生、いかに価値高く生きるか、という問題ですが、まずみなさん方、間違った考えをしていないかということです。

つまり、自分の人生を価値高く活《い》かすのには、物質的に価値の高いものに恵まれなきゃ、自分というものを価値高く活かせないんじゃないかって思ってやしない？

自分の人生を価値高く活《い》かすのに、なにも、物質的なものに恵まれなきゃ、

価値高く生きられないというものじゃないんですぜ。

ところが、現代の人々は幸か不幸か、物質文化の時代に生まれている関係上、ただ目に見える物質的なものばかり大事にしてますよ。

生命というものを考える時にも、ただ、目に見える肉体さえ大事にしておれば、これ以外に生命はないように考えてる人がだんぜん多いですよ。

とかく現代人は、心の重大性というものを正しく認識していません。

ただ、目に見える肉体さえ大事にしておれば、なんていう考え方は、愚かな考え方ですけれども、それを愚かとは思っていない。それがために忘れてはならない心の重大性が、とかく忘れられてしまってますよ。

それが嘘でない事実は、こういうこと考えてみてもわかるでしょう。

朝、目がさめる。いちばん先になにを考えますか？

心を考えるか、肉体を考えるか。たいてい肉体ですよ。

きょうは仕事が終わったら、なにしてやろうとか、どこへ行こうかとか、なにを喰《く》おうとか、なにしてあそぼうとか考えてない？

きょう一日、どんなことがあっても腹を立てまい、批判もしないぞ、気持ちも体も、できるだけイキイキとして勇ましく働くぞ、というような気持ちを、もってるという方がおられますか？

おられても一人か二人でしょう。それとも、ここにお集まりのみなさん方は偉いから違うかもしれませんな。他方《よそ》じゃ、みんな「あれ喰おう、なに喰おう」って人ばかりですがね…。（笑）

人生は何よりもいちばん先に、まず考えなければならないのは、心なんです。なぜかというと、月を見ても、花を見ても、仕事をしても、遊ぶのでも、すべてそれを心が認識すればこその生甲斐《いきがい》でしょう。

おわかりになりませんか。麻雀した、トランプした、面白いなあと思うのは、みんな心でしょう。おいしいものを食べて、「ああ、おいしかった」と思うのも心で、肉体ではないでしょう。肉体が味わう感覚を、意識のなかに思いうかべるのは心の働きなんです。

うれしいのも、楽しいのも、辛いのも、悲しいのも、みんな心なんです。だから、もしも、人間に心がなかったらどうなるだろうか、ということを考えてごらんなさい。

人間に心がなかったら、よしんば万物の霊長として、秀れた働く力が肉体に与えられてあろうとも、それは庭のなかの石ころと同じになってしまうんですよ。

とくに人生経験の少ない若い間には、心の重要性を考えやしません

こういう、簡単で、しかも、どうすることもできない大きな現実の消息《しょうそく》を考えてみると、心というものがいかに大切かということに気づかなければならないんですけれども、それが、とくに人生経験の少ない若い間には考えやしません。

考えないというと、やや露骨《ろこつ》な言い方ですが、肉体を考えるほどの考え方で心を考えないですよ。

現在、かく申しあげている私がそうだったから、みなさん方もたぶん、そうだろうと思います。推察は、決して失礼じゃないと思うのであります。今、みなさんの前で、こんな偉そうなことを言っていながら、私は三十二、三歳までは、心なんて、ほんとうに真面目《まじめ》に考えたことはなかった。真剣《しんけん》に心というものを考え出したのは、正直、四十歳を越してからです。

三十二、三歳までは、もう、いきなり、ぶっつけ本番で、少しも心なんて考えず、でたらめな人生に生きてきたと言った方がいいでしょう。

自分で言うのもなんですけどね、こういう貴重な話を聴かせてくれる人がいなかったから軍事探偵でもって、もう、がむしゃらに暴れまわれるだけ暴れまわりましたよ。

もっとも、軍事探偵といっても、映画で見るインターナショナル・スパイのような、あんな華《はな》やかなもんじゃありませんでしたけどね。日露戦争時代の軍事探偵というものは、乞食《こじき》でもあんな境涯《きょうがい》に入らないだろうと思うような、困苦欠乏《こんくけつぼう》に耐《た》える生活。だから三年間、私は一度も風呂《ふろ》に入ったことがなかったもん。(笑)

屋根《やね》の下で寝たのも通算《つうさん》三カ月ありませんよ。多くは森や林、竹やぶのなか。蒙古《もうこ》の奥には、穴居《けっきょ》時代の人間が住んだ遺跡《いせき》とも言うべき、たて穴《あな》よこ穴を掘《ほ》った山があって、そこへ入って寝るんです。

したがって、食べものも極《きわめ》めてまずしく、瓜《うり》を日に二本食って、ひと月暮らしたこともあります。ですから物資窮乏《ぶっしきゅうぼう》の大東亜戦争《だいとうあせんそう》のときにも、私はさして困りませんでした。

もっとも、軍事探偵の仕事の訓練をうけた、陸軍大学の秘密教室でのあの一年間だけは、ほんとうに困りましたけどね。前にもお話ししたように、「小さな鰹節《かつおぶし》一本で五日間、教室の天井裏へ忍べ、糞尿《ふんにょう》は人に知れないように始末しろ。満州《まんしゅう》・蒙古《もうこ》には飲む水はない、うっかり飲むと大変なことになる、水が飲みたいときは唾《つば》を飲め」でしたから。

これ、尊い任務を遂行するために、どうしても、そうしなければならないという絶対的な命令です。「若いときの元気でもって、このくらいの辛棒《しんぼう》ができなくてどうなる」ということで、やってきたわけですが、こうした無理な生活、普通の人間には耐えられないようなことも、戦争中は気が張っていたから、どうもなかったんです。

けれども戦争が終わると、いっぺんにガタ落ち。急激に病勢《びょうせい》が進行する奔馬性肺結核《ほんばせいはいけっかく》というのに侵《おか》されてしまったのです。そうした病《やまい》に侵されてから、急に転《ころ》んだ者《もの》が、あわてて杖《つえ》をさがすように、心の力というものの重大性が誰に言われるとなく、夜明《よあ》けの空のように、次第《しだい》に悟れてきたのです。

明日死を迎えるとしても、今日から幸福になって遅くない

どういういきさつから、心の重大さを考えたかというと、戦争中は「今日《きょう》あって明日なき命」を覚悟の仕事ですから、どんな場合があっても恐怖心も悲観心もありません。

ところが、そうやって朝から晩まで動いていた人間が、戦争が終わって病《やまい》になるというと、いわゆる心の張りがゆるんで、もう、からっきしだらしない、弱い心になってしまったんです。

人間というのはおかしなもんでね、それまでは死ぬことなど、なんとも思わなかった人間が、こんどは、やみくもに死ぬのがイヤになるんですよ。そして自分でもおかしくなるほど病を気にしだして、脈《みゃく》や熱をはかる、唾《つば》や糞《くそ》しょんべんまで検査するという状態。

自分でも惚《ほ》れ惚《ぼ》れするような気持ちをもっていたその人間が、なんとこんどは病になったら、意気地《いくじ》がないの、だらしがないのって、形容のできないあわれな状態になってしまったのです。

そこで、やはり人間ですから負け惜しみは誰だってありますものね。せめて戦争当時の半分でもいいから、心の強さを取り戻したいと思った。これが結局、心の重大性を私の心が認識しかけた、つまり悟りかけたという、第一の動機ですよ。

それが出発点で、この九十歳の今日までも、多くの人々に、心のもち方がいちばん人生に大切であることをお話ししているわけです。
私が、「心が積極的でないと、どんなに勉強しようと、金を儲けようと、ほんとうのほんとうの幸福というものは来ませんよ」と言っているのは、このような事柄が動機になって心の研究をした結果なんです。

もちろん、ここにいらっしゃるみなさんも、「自分の人生は自分がつくらなければならない」という気持ちはもっておられるでしょう。よほど意気地《いくじ》のない人間でない限りは。

「俺なんかどうせ学問もなし、知恵もなし、結局そうかといって死ぬわけにもいかないから、まあ、生きているようなものの、ろくな人間にはなれないんだから、なろうとも思わない。どうにか死ぬまで飢え死にしなければいいや」なんて気持ちで生きてる人はないだろう？（笑）

もしこの中にそんな人いたら、豆腐のかどに頭ぶつけて死んじまえ、もう。役たたねえから。

いいですか、私はね、人間に年齢はないと思っています。

年齢を考えるから年齢があるように思うけれども、六十、七十歳になろうと、自分が十七、八歳時代と考えてみて、違っているのは体だけ。そして、もう一つ違っているのは、心のなかの知識だけの話で、心そのものはちっとも変わっていないはずです。

ですから、四十や五十はもちろん、七十、八十になっても情熱を燃やさなきゃ。明日死を迎えるとしても、今日から幸福になって遅くないのでありす。まして若い人の胸は炎と燃えてなきゃうそですよ。

出世する人、成功する人は、その心の内容が極めて積極的である

こうした厳粛な事実のうえに立脚《りっきゃく》して、ほんとうに価値高い人生に生きようとするならば、心というものが、どれほど大事かっていうことが、おわかりいただけたと思います。

そうして、価値高い人生に生きようとするならば、なにをおいても、どんな場合にも、自分の心を、へこたれさせてはいけないのです。

心をへこたれさせると、積極的と反対の消極的な状態になっちまうからな

んです。英語で言うとネガティブ。心が消極的になったら、もう、健康はもちろん、運命もぜんぜん、ほころびてしまうんです。

なぜかというと、人間の生命のなかにある人間だけに与えられた秀れた力というのは、心のもち方一つで、その人間の生命をプラスにもマイナスにもする、そこに恐ろしい差別があるんですよ。

昔の諺《ことわざ》に「蟹《かに》は甲羅《こうら》に似《に》せて穴を掘《ほ》る」というのがあります。この言葉はまさに人間に与えられた大きな戒《いまし》めなんです。出世する人、成功する人は、その心の内容が極めて積極的なんです。

いちばんてっとり早い手本は、東洋ではあの有名な豊臣秀吉。

若いころに出世街道《しゅっせかいどう》をまっしぐらに行ったあの秀吉を、じーっと考えてみたら、自分に学問や経験があろうとなかろうと、心のもち方一つが、結局、人生の運命を決定するんだということに気づくはずです。

今とぜんぜん違ったあの戦国時代に生まれは水呑百姓《みずのみびゃくしょう》。あの時分《じぶん》の水呑百姓といえば今のルンペン（ホームレス）以下です。

その身分もなにもない秀吉が、ついに天下の兵馬《へいば》の権を手にしたということを考えてみたとき、いかに積極的な心が大切かがわかるでしょう。

秀吉の幼名は日吉丸《ひよしまる》といいますが、見るもはかない、乞食《こじき》にも劣ったような、水呑百姓の家に生まれながら、「自分は他日《たじつ》、必ずえらい人間になれる人間だ」ということを思い込んでいた。

それは母親《ははおや》が、天に輝く太陽が懐《ふところ》ろに入った夢みて、みごもったという。今とちがって、科学思想《かがくしそう》のない時代ですから、迷信《めいしん》と笑えば笑えますけれど、「母親は一途《いちず》にそう」信じて、生まれたとき最寄《もよ》りの寺の和尚《おしょう》にこれを語ったところ、「お日様《ひさま》の生まれかわり」で、日吉丸と名づけたのだそうです。

そして母親は乳《ちち》をやりながら、たえず「日輪《にちりん》が懐ろに入った夢をみて生まれたのだから、お前の父親は空に輝くお天道様《てんとさま》だ、いまにえらくなるよ」と語りきかせながら育てた。

こうして育った日吉丸は、「俺は普通の人間じゃない、必ずえらい人間になれる人間だ」と思い込むようになったそうです。

それから西洋のほうで言えば、ナポレオン。

時は一八〇〇年。四万の兵を率いてイタリアに攻め入るとき、部下たちが「とってもむりです」と反対しているときのことです。

「余《よ》の辞書《じしょ》に不可能《ふかのう》はない」というあの有名な言葉はだれもが知ってますね。けわしいアルプスの雪の峠を越えるという、破天荒《はてんこう》な作戦でもって、みごとにオーストリア軍を打ちやぶって大勝利《だいしょうり》をおさめてる。

こうした事実を考えてみると、心のもち方一つが、結局、人生の成功を決定しているということに気づくでしょう。

あなた方、学問とか経験でも豊富にするとか、金でもよけいつくれば、人間が気楽に幸福に生きられる、なんて思ってないかい

結局、積極的な心、もっとやさしい言葉で言えば、「尊《とうと》く、強く、正しく、清く」という、この心が、日吉丸やナポレオンを、階級の高い価値ある働きをさせたのであります。

このことをちょっと科学的に申しましょう。

いいですか、人間の生命を生かしているのは神経系統《しんけいけいとう》の働きです。前にもいったナーバス・システムね。それを直接間接《ちょくせつかんせつ》に支配《しはい》しているのが心です。

したがって心が弱ければ、どうしても神経系統が弱くなります。現《げん》に論《ろん》より証拠《しょうこ》、気の弱い神経過敏《しんけいかびん》な人は、どうしても病《やまい》に弱いですよ。風邪ひとつひいたって、なかなか治らないでしょう？ところが、積極的な気持ちをもっている人間は、医者がサジを投げたような病でも、びっくりするくらいもち直します。それは結局、神経系統のなかに、人間の命の生きる力を守る、特別な作用が人間にあるからです。これ、むずかしい言葉ですが、「自然良能作用」といいます。

これが非常に程度の高い勢いで働くとき、健康はもちろん運命のごときも、人間の生きる力のすべてが豊富に働きだすのです。この力というものは六つあります。

体力、胆力、判断力、断行力、精力、能力です。

つまり、いまお話しした日吉丸やナポレオンの出世成功というものは、ようするに、彼らの心が、神経系統のすべての働きを非常に高度にひきあげて、そして今いった六つの力が、ありあまるほど働いたがための結果なんです。なにも日吉丸やナポレオンばかりじゃないんですよ。儕輩《さいはい》（同輩）の群《ぐん》を凌《しの》いで出世《しゅっせ》する、成功する人はみんなそうなんです。

ところが、いまどきの人は、学問でもよけいにするとか、経験でも豊富にするとか、あるいは、なかにおかしな人になると、金でもよけいつくれば、人間が気楽に幸福に生きられると思っている節があります。どっこいそうはいかないいんですぜ。

いくら学問があっても、いつも運命に虐《しいた》げられて困っている人もある。そうかと思うと、金は、うなるほど持っていながら、常に体が弱くて困っている人さえあるのです。

心の態度が積極的でなければ、人間はもう、価値高く生きることができなくなってしまうんですよ。

ですから人生は、何をおいても、まず第一番に、この六つの力をつくらなければいけないんです。力は学問や経験でできるものではありません。ただ、ひとえに心の態度を積極的にする以外に方法はないのです。

こう言うと、「先生ばか言っちゃいけねえよ、体力くらい若いんだからあるよ」って、こう思ってる人いるでしょう？

その体力っていうのも、あなた方のように、特段なにもしていなければ、何もしていないって言い方は失礼かもしれませんが、やっぱり私の目からみれば、単に肉体を鍛えているっていうんじゃ、片手おちですからね。

心も鍛えてなきゃ、思いのほかすぐに弱ってしまうんですよ。まして九十の年になって、私と同じくらい元気でいられますか？

人生は、何をおいても、体力、胆力、判断力、断行力、精力、能力の六つの力をつくらなければいけない

私は昭和の二十年（先生六十九歳の時）まで、天風会の夏の修練会《しゅうれんかい》で、会員のなかでトップをきって駆《か》け足しておりました。

東京でも大阪でも、運動場で走ってるんじゃや、われわれの仲間は走った気がしないってんで、とくに体の丈夫《じょうぶ》なものだけを選んで、行軍《こうぐん》と称《しょう》しまして、それをひきつれて市中《しちゅう》に乗りだすんです。それで二時間くらい駆けて帰ってくると、三里《り》（約十二キロメートル）くらい駆けられましたよ。

昭和の九年の時の修練会の時（先生五十八歳の時）、「おい、南禅寺《なんぜんじ》から鞍馬山《くらまやま》のてっぺんまで、今日は駆けるから勇士《ゆうし》申し出ろ」って言ったら、十一人が参加《さんか》を申し出てきました。

その中に、同志社《どうししゃ》のマラソンの、あの当時、有名な近藤《こんどう》って男も参加を申し出てきましたよ。

駆け足するにしても、あの当時は、いまみたいに便利な自動車ってものがあんまりたくさん走ってなかったから、走りよかったです。

自転車三台と、オートバイ。先に山のてっぺんに人を待たしておいて、誰がいちばん先に着くかって。

私が頂上に着いたら、待たしておいたのが訊《き》いてきましたよ。

「先生おひとりですか？」

「お、後からついてきてんだろう」

「だれもついてきてやしませんが…」

三十分まってもだれも来ないんですよ。(笑)

「おい、おかしいな」

「はあ、どうしてるんでしょうね」

そしたら三十五、六分くらいたって、片山《かたやま》って男がひとり青くなってあがってきましたから、

「おい、後はどうなってる?」

「はあ、はあ、し、しりません。ああ、驚いちゃったな、もう。登り坂でもって、この六里(二十三キロ半)を、あきれたなあ先生は…」

と、こう言うんです。

それからまた十分ばかりたって、岡って男が来て、それっきりだれも来ないのよ。

同志社のマラソンの選手の近藤って男、へばってやがんの。

「おまえ、なんでへばっちゃったの」

「さ、さか道はだめなんです」

なんて言いやがるのよ。(笑)

ほんとにもう、笑えない滑稽《こっけい》ですよ、これ。


最近、まだどのくらい体力がもてているかいなと思って、これは去年のことですがね、熱海から伊東まで、駆けてみました。

どうもありませんな、やっぱり。

まあ、いちばん体にこたえるのは講演ですよ。講演二時間たてつづけにしゃべってるのと、二時間駆け足してるのとじゃ、こりゃ二時間駆け足してるほうが楽ですよ。

なぜかっていうと、講演というやつは、しゃべる息をながく、ロングブレスで、それであいだでもって、ショートブレス。はあはあって。

だから呼吸の整調ができませんはね、これ。

急いでしゃべるときは、もうしゃべりながら息吸って、あなた方もいちどやってごらんなさい。しゃべりながら息吸って、これたいへんですから。

いまやらなくていいのよ、あなた方。（笑）

それくらい無理な呼吸をしていて、しかも肺は片いっぽう。三分の一役にたたない状態。ガラスのコップで言えば、ひびの入ったようなコップ。そんな体でも、こうしてみなさんの前に立って尊いお話ができるのは、心の態度を積極的に保っているからなんです。

さあ、もうわかったね。大事なことですからもう一度言います。人生は、何をおいても、体力、胆力、判断力、断行力、精力、能力の六つの力をつくらなければいけないんです。

力は学問や経験でできるものではありません。ただ、ひとえに心の態度を積極的にする以外に方法はないんであります。

だから私の哲学は、「いかなる場合でも、心の力を落としてはならない。終始一貫《しゅうしいっかん》、積極的な心の態度をもって人生に生きなさい」というのが、プリンシプル（原理原則）になっているのです。

私はいつも言います。「天は自ら助くるものを助く」。

みずからの人生を価値高く活かすのは、だれがなんと言おうとも、自分自身なんです。

幸福や好運というものは、自分がよび寄せなければ来やしない

さて、もう時間がありませんから、本日の演題《えんだい》のまとめに入りますが、ほんとうに自分の人生を価値高く活かそうと思ったならば、他力本願《たりきほんがん》で生きてはダメですよ。

心の弱い卑怯《ひきょう》な人になると、「なにか自分には運命が向いていない」だとか、「世間がまだほんとうに認めてくれない」だとか、もっとあきれたやつになると、「設備が整っていない」だとか「誰々《だれだれ》が手伝ってくれない」とか、

何かうまくいかない時に、みんな、自分以外《じぶんいがい》のもののせいにする人がいますが、とんでもない了見違《りょうけんちが》いですよ。

もっとはっきり言えば、やれ運命がつまらないの、人生がつまらないのって人は、その考え方がつまらないんです。

いいですか、幸福も健康も成功も、ほかにあるんじゃないですぜ。あなた方自身のなかにあるんだぜ。

運が、むこうから、みなさんのほうへお客のように来るんじゃないんですよ。すべての幸福や好運は、自分がよび寄せなければ来やしないんです。

自分がよび寄せるというのは、自分の心が積極的にならないかぎりは、よび寄せられないんです。

もっとやさしく言うと、幸福や好運は、積極的な心もちの人が好きなんですよ。どう、わかった？

現代人は、罰あたりと言おうか、こういう方面に対する無学の結果と言いましょうか、この大事な大事な心の態度というものを粗末にしておいて、「やれ人生もっと幸福になりたい」とか、「もっと丈夫になりたい」とか、「もっと運命をよくしよう」なんて、そんなのできっこない相談ですよ。

大きな家をつくろうと想《おも》ったって、土台が完全に敷かれないかぎり、どんな立派な設計だけしたって、大きな家はつくれません。土台を考えないでいて、家の構造ばかり考えたって、その家は住むに耐えられない家になっちまうでしょう。

人生またしかり、であります。

こういうこと聞いた刹那《せつな》から、一服の薬をのまなくても、なにも特別な勉強《べんきょう》をしなくても、これからの人生を価値の高いものに、幸福にみちみちたものにするのは、わけないってことがわかったでしょう。

ですから、きょうの話をもう一度、寝がけに思い出してみてください。自分の心はどんな運命に対しても、どんな健康に対しても積極的かどうか。自分の心は、ほんとうに尊いか、強いか、正しいか、清いか、自分自身おごそかに考えてみてください。

「あんまり強かないけど、まあ、強いってことにしておこう」なんて、負け惜しみで考えちゃだめよ。（笑）

さあ、みなさん方の人生が、ほんとうに価値高くなられることをお祈りして、本日の講演を終わりにします。

ご清聴ありがとうございました。

思いどおりの人生に生きる

教わったとおりに、実際に歩きださなきゃ目的の場所につきっこないよ

さてお話に先だって、みなさん方に、とくに申しあげておきたいことがあります。それは、「実行」ということであります。

これがおろそかにされると、どんないい方法を聴《き》いても、その理解がリアライズ（現実化）されず、リアライズされないと、結局《けっきょく》、空中《くうちゅう》に楼閣《ろうかく》を描いた結果になってしまうからなんです。

たとえば、知らない土地にいった。目的の場所がわからない。その土地の

人から目的の場所にいく道すじをきいた。その道すじをどんなにくわしく説明《せつめい》され、わかったとしても、教わったとおりに実際に歩きださなきゃ目的の場所につきっこないでしょう?

ところが、このわかりきったことが、人生の苦楽の歴史をあまり経験していない青年層には、なかなかはっきりとわからないんです。

頭じゃわかっていても、いつか時がたつとピンボケになってしまう。理屈《りくつ》だけはわかっているが、実行のほうがおろそかになってしまっている人が多い。実行というものが、いつしか自分の人生の努力の中から影をうすくしてしまってるんです。

その証拠《しょうこ》に、青年時代には、みなさん相当《そうとう》に、自分の人生に対する将来図を理想として持っておられるでしょう。ですが青年から中年になって、青年時代に描いたあの華やかな夢を、ほんとうに現実化されている人というのは、極めて少ないんですよ。

ところが、数ある同僚の中からぬきんでて偉くなる人は、結局、偉くなるべき資格をもっているんです。その資格とは、「誰に言われなくても、日々毎日、実際に努力している」ことなんです。ですから偉くなったのは、これがための結果なんです。

ですから、「実行にうつせ」という言葉の中には、深長な意味が豊富にふくまれているということに気がつかなきゃだめよ。

若い諸君は、こういう英語を知ってるでしょう。「リード・ビトゥイーン・ザ・ライン」。「行間を読め」って意味です。

言わず語らざる文字の影にある、ほんとうの意味をくみとれよ、というベルクソン（フランスの哲学者）の言葉があることは、すでにご存じでしょう。

つまり「人間は目にうつる文字だけに、自分の理解範囲《りかいはんい》をせばめていてはダメだ。書かれた文字と文字の間に、考えなければならない大事な意味がある。これを心で読ませろ」というのがこの言葉の意味です。

私もこれを十五歳のときに聞きましたが、別にそれを非常に大きな感激で聞かなかったのは確かです。

「ベルクソンほどの偉い学者ならともかく、十五歳ぐらいの少年にそんなことがわかってたまるか」というような誰しもがもつ、わからない世界に対するコンプレックスでしょうか。私もそんなふうに考えていたものですが、だんだん大人になるにつれ、「なるほどいい教えだなあ」とつくづく感じるようになりましたよ。

ですから結局、実行していくうちに、「ははあ、こういうところは説明の言葉にならなかったけれども、実行すればこういう事実も体験させられるなあ」というようなことがわかってくるんです。

なんの努力も実行もせずにいて、自分の夢や希望が実現するんなら、人生なにも苦労しやしませんよ

さて、これからみなさん方に、思いどおりの人生に生きるためには、「いったいどうしたらよいか」ということを、九十年の実際経験のうえからお話ししてみたいと思います。

人、この世に生まれて、どんなに欲《よく》のない人間でも、理想的な、思いどおりの人生に生きたいと思うでしょう。思わないって人、この中にもしそんな人いたら手をあげてごらん。やっぱりいやしないねえ。

なん年たってもくすぶった、ままならねえ一生で終わってしまうなんて、くり返しのきかない人生だけに、なおさらのことですよ。

しかし若いあいだは、自分の人生の将来について、非常に長く考える傾向《けいこう》があるんです。したがって生命に対しても人生に対しても、その考え方は非常《ひじょう》に楽天的《らくてんてき》であります。

ですが、若かろうと年齢《ねんれい》をとっていようと、生きている人間である以上は、時がくれば必ず死ななければならないんです。

これについて、やはり同じく有名なエマーソン（アメリカの思想家）という人の言葉に、極めて味《あじ》のある言葉があります。

「人間の世界、とくにこの文化の世界に生きる人間たちに、逃《のが》れあたわざるものが二つある。一つは税金《ぜいきん》、一つは死だ」

というものです。

税金のほうはある程度《ていど》ごまかせるかもしれないが、死のほうはごまかせない。そしていったん時がきて、三寸息《さんずんいき》たえれば万事窮《ばんじきゅう》して一巻《いっかん》のおわり。「ヒューマン・ライフ・イズ・オンリーワン・ページ、ゼアー・イズ・ノット・アナザー・ページ（人生は一度きり、二度はない）」なんです。

さあ、そこで考えてみてください。

自分の生命は、今生《こんじょう》この時かぎりということを考えたとき、自分の生命というものを、極めて価値高く、すぐれた状態で生かすのが当然だと気づくでしょう。こう思わない人間は、よほど頭の狂ってる人でもない限りありませんけれども、ここなんです問題は。

ただ、「すぐれた人間になりたい、思いどおりの人生に生きたい」といくら思っても、思っただけではそうなれない。まして、何の努力も実行もせずにいて、そのとおり自分の夢や希望が実現するんなら、人生なにも苦労しやしませんよ。

人生とひとくちに言っても、この人生なるものは、立体的《りったいてき》に考えると、まことに波瀾万丈《はらんばんじょう》、あら波の絶え間のない、もっと露骨《ろこつ》に言えば、油断もスキもないのが人生なんです。

ちょいとでも自分の心にゆるみがあったり、あるいはスキがあると、運命の魔の手は容赦《ようしゃ》なく、その人間を不幸のどん底にみちびき入れてしまう。

さらに健康というものも蝕《むしば》まれて、どんな大きな希望欲求を心の中に爛漫《らんまん》と花を咲かせてみても、こと成《な》らず。哀れ惨澹《さんたん》たる終わりをつげてしまう結果がくるだけなんです。

ですから、万人が万人、優れた人間になりたいと言うが、この欲望を現実化するのには、やはり現実化に必要な、いわゆるプロセス（手順）というものを知ってなきゃならない。それをみなさん方に話してみたいのであります。

あなた方の思い方や考え方が、現在あるがごときあなた方にしている

さて、思いどおりの人生に生きるために、まずみなさん方にお気づきいただきたいことがあります。それは、「あなた方の思い方や考え方というものが、現在あるがごときあなた方にしている」ということであります。

もっと言うとね、この世の中の一切合財、天地自然のもの以外はすべて、人間の思考によって生みだされたものなんですよ。これ、ちょいと周りをみれば、すぐにわかるでしょう。

このマイクも、あなた方の頭の上で光ってる電灯も、ごみくず一つでも、なんでもかんでも、人間の思考によってつくられたもんでしょう？

なんだか、ぽかーんとした顔してますけど、こういう大事な真理というものをわからなきゃだめなんですぜ。

いいですか、太古からもう脈々と、人間が心に思うことや考えること、「ああなったらいいな、こうなったらいいな」ということが理想化されて、それがひとつひとつ現実化されてきて、今のこの世の中が創りだされてきたんだろう？　どうだい。

人間にだけ、この不思議な力というものが与えられている。だから人間の世界にだけ、進歩と発展があるんです。

ですから、この厳粛な真理にのっとって考えれば、「あなた方の思い方や考え方が、現在あるがごときあなた方にしている」ということぐらい、すぐにわかるでしょう。

こう言うと、「天風先生はそう言うけど、俺は今の自分のような不運な状態になりたいなんて、思ったことも考えたこともないやい」なんてこと言う人いますが、真理は常に公平で厳格なんですぜ。

自分が知って知らずに関わらず、蒔いたとおりに花が咲くんです。

前にもお話ししたように、私が肺病を患ってインドにいたとき、インドの先生に同じことを言われましたよ。「おまえは人を殺したことがあるだろう」ってね。

そりゃ戦争でしたから、やむをえず、まあ自分ではお国のための尊い仕事だと思って人殺してましたよ。そしたら、やっぱり真理は公平ですよ、あんなたちの悪い肺病患ったもん。

もう一度言います。

「自分が知って知らずに関わらず、蒔いたとおりに花が咲く」

ほんとうに、もうそうなんですぜ、これ。

ですから、現在のあなた方の思い方や考え方が、これからの人生において、どんどん花が咲いてくるんです。

そしてこの心で思ってることや考えてることに、観念の要素が加わると、観念のダブルページってものがおこるんですよ。つまり、よりその力が増すんです。

もっとはっきり言えば、あなた方が、ほんとうに理想的な、思いどおりの人生に生きようと思うなら、「ああなりたいな」とか、「こうなりたいな」と思うだけでなく、もうそうなった状態を心のなかに情熱の炎でもって、ありありと描くんですよ。オリンピックの聖火のごとくにね。

天地自然が公平につくりだした日に、ある日が良くってある日が悪い、なんてことあるかい

さて人生、理想的な、思いどおりの人生を築こうと思うならば、注意にも注意をしなきゃいけないことが、悲観や煩悶、取り越し苦労などの消極的な考え方なんです。

「私には関係ない」って顔してるけど、どっこい私にはわかるんですぜ。ヒョイってみりゃピンっとね。

この世の中、よほど自分自身で、消極的な暗示から自分自身を守っていな

けりゃ、そりゃもう、のべつ消極的暗示で充満してますからね。

自分じゃ消極的な考え方なんてしてないって思っていても、あんがい知らず知らずに思ったり考えたりしてること多いんですぜ、あなた方。

その証拠に、これほど物質文化の進んでいる時代に、いまだに神や仏を気にかけ、縁起《えんぎ》をかつぐ人が、どれだけ多いかってことを考えてみれば明らかでしょう。

日どりひとつ決めるんだって、

「その日は仏滅だから良くないな。大安の日にして」

なんて言ってるのがいるね。大安に結婚したって別れるもんは別れますよ。だいたい天地自然が公平につくりだした日に、ある日が良くってある日が悪いなんてことあるかい。

「友引に葬式したら引かれて死んじゃう」なんて言ってる人もいますけど、

友引にしなくたって、みんな死ぬときは死にますよ。（笑）

もっとおかしなやつになると、

「おまえ干支《えと》はなんだ」

「あたし？　寅《とら》よ」

「あ、こりゃいけねえ、おれ兎《うさぎ》だから相性《あいしょう》わるいわ、喰われちまうよ」

なんですかこれ。（笑）

相性もなにも関係ありませんよ。好きになったら好きなもん同士、くっつきゃいい。

まさかみなさん方の中には、そんな古くさい時代錯誤《じだいさくご》におちいってる人は一人もいないと思いますが…。

こう言わないとみなさん方に失礼ですからね、世間にはたくさんいるんですよ。

いいですか、神社も寺も、みんな人間が建てたんです。神さんや仏さんが建てたんじゃないんですぜ。

ぼやぼやしてちゃいけないよ。人がつくった衛星が宇宙を飛んでる時代に、縁起がどうのこうの、日のよしあしや占いが迷信がなんて、みんな自分自身に消極的な暗示をかけてるんですよ。

若人《わこうど》の血は燃えているはずだ。

大きな期待を胸に、自分の将来をプライドを持って築かんとする若人の中に、自分自身の人生を自分自身が活かさないで、あい変わらず古くさい気持ちで、神だ仏だといって頼るようなことがあっちゃいけないんですぜ。

あなた方、晴れた夜に星空を見あげたら、何ともいえない神秘感につつまれないかい

もっとも、神だ仏だというのも、昔は無理もない点もありましたよ。

科学的研究が現代のように、徹底的に進められなかった時代の人間は、いちばんさきに不思議に思ったものは、この世の中の森羅万象《しんらばんしょう》の変化変転《へんげへんてん》でしような。

たとえば、あなた方も晴れた夜、星空《ほしぞら》を見あげたら、何ともいえない神秘感《しんぴかん》につつまれてしまうでしょう。

どんな野蛮人《やばんじん》が見ても夜空《よぞら》は、はてしがない。

文学的なことばを使えば無極《むきょく》・無辺際《むへんさい》ですから、その夜空に爛々《らんらん》ときらめく星、数かぎりなくおびただしい星ぼしに、月は煌々《こうこう》として下界《げかい》を照《て》らしている。

この大空を見ておれば、思わず形容のできない、一種の神秘《しんぴ》に心をうたれましょう。これは学問があろうとなかろうと、人間の持っている自然の心にあたえられた働きですから…。

もちろん、見る人々の気持ちによって、見方、考え方は違うでしょうけれども、共通的で同じだといってもいいようなポイントは、世界というのか、宇宙というのか、何だか知らないが、「とにかく大きなもんだなあ」と思うのは間違いないでしょう。

人は、広大なはかり知れないものを見た刹那《せつな》、だれでもが、自分ではっきりと解釈できないものに対しては神秘《しんぴ》を感じます。

それでなくても、当時まだ地球は扁平《へんぺい》なもの、そして月や太陽が地球のまわりを回るものと思ったり、地球の自転説を知らなかったのですから。もっとも今の人間でも、学校でただそう教わったから観念的《かんねんてき》にそう思っているだけでしょう。だれも地球が太陽のまわりを、回ってるのを直接みたっていう人いませんもん。

地球からはなれて、地球の外側を飛び、別世界まで行ってきた飛行士でも、地球の動いているのはわからなかったそうです。

とにかく、客観的には地球が動いているのは見えないけれども、太陽のまわりを地球をはじめとした遊星《ゆうせい》、惑星《わくせい》が規則ただしいレールの上を回って歩くことによって生ずる、間隔的《かんかくてき》な差違から春夏秋冬《しゅんかしゅうとう》がめぐってくるというようなことは、小学校時代から教わって知っているでしょう。

けれども、ずっと昔の人は、春夏秋冬《しゅんかしゅうとう》の別はもちろん、一日には朝、昼、晩がめぐってきて、水が冷たくて湯は熱く、風がふいて雨がふって、春になりゃ花がさく、というような状態をみると、これは世の中に、人間より大きな力のあるものがあるに違いないと単純に考えるでしょう。

しかもその偉大《いだい》なるものはやっぱり人間のような恰好《かっこう》をしたものではないだろうかと思ったらしい。

西洋ではこれをゴッド、フイフイ教（イスラム教）ではアラー、仏教のほうでは如来《にょらい》、日本では天之御中主神《あめのみなかぬしのみこと》というふうにですね。

まあ、今日《こんにち》の青少年たちは、太古の時代のような、そんな話をそのまま信じてはいないだろうと思いますがね。

神や仏にすがって、救われようと恵まれようなんて、きわめて卑怯な自分自身を冒涜した考え方だぜ

ちょうど一九〇〇年、ドイツのプランク博士《はかせ》が、この地上の多くの人の迷信《めいしん》、妄想《もうそう》を科学的《かがくてき》にズバリと解決《かいけつ》したのであります。

すなわち、この世のすべては森羅万象《しんらばんしょう》ことごとく、それが動植物《どうしょくぶつ》であろうと鉱物《こうぶつ》であろうと一切合財《いっさいがっさい》、「プランク定数H」というものがその根源《こんげん》をなしていると発表《はっぴょう》され、それ以来、知識人《ちしきじん》の神仏《しんぶつ》に対する迷妄《めいもう》が打開《だかい》されたわけであります。

プランク博士は、「文化の遅れているむかしの人間は、この世は神や仏というものがこれを創ったと思ってるが、それは違う。素粒子《そりゅうし》が一切《いっさい》の素をなしているんだ」と説いています。

みなさん方も、私も机も花もすべて、この世に形のあるものは、素粒子の合わされ方によっての相違《そうい》の結果なんです。

だから、もしも神だ仏だということを言いたかったならば、この素粒子という不思議《ふしぎ》なものをつくった、目に見えない力が神だ仏だと言えば間違いないでしょう。

けれども、そうなれば素粒子そのものが、すでに人間の発明した顕微鏡《けんびきょう》では見ることのできない微小《びしょう》なものですから、いわんやそれを創った、まあかりに神・仏と名づけるものがあるとしたなら、それはもうぜんぜん形のないものと思わねばなりませんね。

一つのエネルギー要素だと思うほかしょうがない。

つまり観念の中で、ただそうした力が素粒子を生みだしたのだ、と考えるのがいちばんもっともでしょう。

その力を尊敬するつもりで神や仏と言ったり、ゴッドあるいはアラーと言ったりするのはいいですよ。しかし、ここで考えなきゃいけないことは、かりに神や仏と考えたならば、それと同時に、そのエネルギーを感謝《かんしゃ》し、尊敬《そんけい》することに努《つと》めなくてはいけないんですよ。

宇宙全体《うちゅうぜんたい》を支配している驚くべき力に、ただ感激《かんげき》し尊敬《そんけい》すればいいのです。

精神文化の遅れている時代の人間みたいに、それをなにかこう、人格的なもののように考えて、それにすがって「恵まれよう、救われよう」とする考え方は、これは人間として、だんぜん排斥《はいせき》すべき考え方ですよ。

「天は自ら助くるものを助く」なんです。

人間には、オギャーっと生まれたときから、生きとし生ける他のすべての生物が持ちあわせていない「メンタルアビリティ（心理的能力）」というものが与えられているんです。

ところが精神文化の遅れている人は、それを使おうとしないで、運命にゆきづまったり健康難に襲われたりすると、すぐ「神さま仏さま」って、なんですこれ。これはきわめて卑怯《ひきょう》な自分自身を冒涜《ぼうとく》した考え方だぜ。

これを少しも間違った考え方と思わないで、日常の生活のなかで、へんなデイリーレッスンのように行ってやしませんか？

とくに若い人でも、文化の遅れている人と同じように、事があるとすぐに小銭だしてね、神や仏にすがって、救われよう恵まれようとするものが、いまだに世の中には多いですよ。

たとえ身に病あれど心まで病ませない、運命に非なるものあれど心まで悩ませない

いいですか、「神や仏に救われたい」なんて考え方をもっているかぎりは、みなさん方の将来の人生を、みなさん方がいだいている夢や希望や願望のとおりに築きあげることなんてできませんよ。これが、私のいちばん言いたい点なんであります。

なんべんもくり返しますが、「天は自ら助くるものを助く」なのです。

自分自身の生命、自分自身の人生というものは、自分が守らなければなら

ない。また、守れるように各人にその力が与えられているのです。それは心の態度が積極的なときに発揮せしめられるのです。

ですから、自分の人生を、自分がほんとうに守っていこうとするならば、日常の人生に生きる場合、心の態度を、いかなる場合であろうとも積極的にすることです。

よしんば身に病《やまい》がおこった場合であろうと、運命にままならない状態が生じた場合であろうとも、その心だけは、病や不運の虜《とりこ》にさせないことです。わかるかい？

もっとはっきり言えば、「たとえ身に病あれど心まで病ませない、たとえ運命に非なるものあれど心まで悩ませない」ということですよ。病になっているのは肉体であって、あなた方の心は病になってやしないんですよ。

それを一緒になって、心まで患わしたり悩ましたりしてちゃいけないって言ってるんですよ。これがいちばん大切なんであります。

運命だって、心の力が勝れば、運命は心の支配下になるんです。

昔から言うでしょう。「勇気は常に勝利をもたらし、恐怖は常に敗北をもたらす」また、もう一つの言葉に、「断じて行えば鬼神もこれを避く」と。これはいずれもみな精神態度が積極的でなければならないことを、言っているのであります。

心の態度が積極的というのは、いついかなる場合であっても、心の尊さを失わず、また強さを失わず、さらに正しさと清らかさを失わないというのが、積極的ということなんです。

どうですか、みなさん方。自分自身でおごそかにお考えください。

これまで人生に生きてこられたときの心は、自分自身がいちばんよく知っているはずですから。

何ごとも事なき日はさもあらば、ちょいとでも体の具合が悪いとか、自分の思うことが叶《かな》えられないとき、あなた方の心はその出来事にたちまち組み伏せられて、積極の反対である消極になっていやしませんか。

たとえば、朝おきてちょいとでも熱があると、あたふたして、

「なにか悪い病気かしらん、これがもとで死ぬんじゃなかろうか…」

なんてこと考えたり思ったりしたことないかい。

大人でも変わったやつになると、もう死ぬ前から遺言かいたりしてね、死んだ後のことあれこれ悩んだりしてる。

尊さも強さも正しさも清らかさも、どこかへ吹っ飛んでしまって、自分自身、情けないほど滅入ってしまって、暗く、弱くなっちゃって、哀れ惨澹《さんたん》たる状態になってる人のほうが世間には多いんですよ。

世間には多いって言わないと、あなた方に失礼ですからね。（笑）

怒ることがあるから怒るんだ、悲しむことがあるから悲しむんだ、ということじゃ、人生に幸福なんてきやしないぜ

でもあなた方でも、「他人のことならともかく、我がことになると、これが悲しまずにいられるか、怒らずにいられるか」なんてやってる人いますが、これ、いちばんいけない手前味噌《てまえみそ》なんですよ。

怒ることがあるから怒るんだ、悲しむことがあるから悲しむんだ、これ実を言うと当たり前でないことなんだけれども、当たり前でないことを当たり前だという間違いは、間違いを間違いと知らずして間違っている間違いの三

重奏なんです。

間違いの三重奏ともなると、なかなかそれが間違いだと自覚できませんから、はたから間違いだと指摘されてもすぐ「そうか」と思いませんよ。

たとえば、

「あなたそんなに腹を立てなくてもいいじゃないか」

「君はそう言うけれど、他人事じゃない、私のことなんだから。君だって自分のことになりゃきっと腹が立つから」

という場面はよくあるでしょう。

しかし、そういう気持ちをもっている限りは、どんなにみなさん方が学問ができても、どんなに経験を積んでも、優れた人間にもなれなきゃ人生に幸福なんてきやしないぜ。

かりに百歩をゆずって、真剣に心配しなきゃならないこと、真剣に煩悶《はんもん》しなきゃならないことがあったとしても、心配したり煩悶すればするほど、よけい心配したり煩悶しなければならない結果が表われてくるとしたら、どうしても心配しなければならないときでも、むしろ心配しないほうが得《とく》じゃないかと思うんですが、いかがですか？　ここが哲学ですよ。

私は若いときに病《やまい》を患って、さんざん苦しんだから、そういう考えを悟りえましたよ。

肺病を治すために医学を学んだが、自分の病すら治せない。なんというなさけない人間だろうと思う自責の念と同時に、肉体に感覚する病からの苦悩。もう寝《ね》る間《ま》も忘れられないほど苦しみましたよ。

なん年か苦しんだあげくに、ひょいと自問自答《じもんじとう》して考えてみた。

「待てよ、かりに非常に幸いな運命がめぐってきて、病が治ったとしても、永久に死なないというわけにはいかない。必ず時がくれば死ぬな」

「治っても死ぬ。治らないでも死ぬだろう。このまま治らなきゃ、死ぬ時期が早いというだけで、いずれは死ぬということに変わりはない」

「すると待てよ、かりにいちばん考えやすく、明日の朝、死ぬとしたら、まだ今夜は死んじゃいない」

「では、どうせ明日の朝、死ぬんなら、その死ぬときまでは生きているんだから、ビクビク生きているよりは、生きている間は楽しく生きていこうという気持ちになったほうが、どうも得のようだがどうだ」

と、こういう心構えでやってみようと思ったのが、そもそものはじめです。

そういう気持ちになった時は、そりゃもうずいぶん嬉しかったですよ。

人間が、もし自分の力で生きているなら、時がきても死ぬはずはない

いま言ったとおり、悲しいことがあれば泣き、腹がたったら怒る、心配ごとがあれば気にかかる、これが当たり前だと思っていると、いいですか、われわれの生命を生かしてくれている力が、ずーっとボルテージを下げてしまうんです。

つまり心のもち方がただ積極か消極かで、生きる生命のボルテージに影響するのですが、これが相当の理知教養《りちきょうよう》ある文化人でも知らない人が多いので

あります。とうぜんわかっているはずの医者でもわかっていません。

もっとわかりやすく言いますと、お互い人間がこうやって生きているのは、一体何の力で生きているんだろうか、ということです。

どんなあわて者だって自分の力で生きているとは思わないでしょうな。

もし自分の力で生きているなら、時がきても死ぬはずはないじゃないですか。いつまでも自分の力で生きておられるはずですし、現在あるがまま自分を保っていかれるはずです。

ところが、自分の力で生きていない証拠には、今から後、十年たってごらんなさい。現在の自分と同じではないから。

ためしに、きょう写真を撮っておいて十年後にみてごらん。十年前と同じだとは思えませんね。変わるに決まっているんです。

その変わっていくというのが、自分の力で生きていない証拠でしょう。

自力でなく他力でもって生かされているからこそ、時の流れとともに変わるんです。

他力とは何かというと、科学的に言えば、さきほど申した素粒子から発現する宇宙エネルギーです。元来、お互いがこの世に生まれたのが、この宇宙エネルギーのおかげなんですから。

どんな優れた人でも、自分でノコノコと人間の世界に出てきたっていう人はいないでしょう。ひょいと気がついたら人間だったんです。

生まれたときから、すっかり知っている人はありません。どんなもの覚えのいい人間でも三歳ぐらい、たいてい五歳ぐらいからでしょう。

三つのときは母乳なり牛乳なりで育ち、歯がはえて固形物を食べ、それで食ってたれて寝て起きて、ただそれだけのことをしていて、みなさん大きくなったんでしょう。それとも、自分でああしたり、こうしたりして大きくなった？

そうすると、深く考えなくても、食ってたれて息をして寝て起きて、それだけで生きていかれるというのは不思議だと思いませんか？

不思議だと思わない人は罰あたりですよ。

死なずに現在生きているから、自分は死ぬようなことはない。自分だけは大丈夫だと思ったら大違いですよ。

生きているのは宇宙エネルギーのおかげなんですぜ。しかもその宇宙エネルギーを生命に受け入れるオーガニゼーションが何かということを、第一に知ってなきゃいけませんよ。

神経過敏の人は、病にかかるとなかなか治らない

われわれを生かす宇宙エネルギーというものは、およそ五つのものに含まれています。

第一番が空気の中、それから食物の中、飲む水の中、太陽光線の中と泥。この五つの中にわれわれを生かす生命エネルギーがそれぞれの形に分けられて、われわれを生かすために用意されているのです。

それをわれわれの命が受け入れることによって、生きているわけなのであ

ります。

ですから、どんな丈夫な体をもった人でも、息をしなかったらすぐ死んでしまいます。空気の中の活力、いわゆる宇宙エネルギーが多分に必要なんです。

オギャーと産声《うぶごえ》をあげてから三寸息《さんずんいき》たえて万事窮《ばんじきゅう》す刹那《せつな》まで、息はしつづけるんです。どんな不精者《ぶしょうもの》でも、今日は休日だから息だけ休もうなんてわけにはいきませんもん。

それから食物の中のエネルギー、食わずにいたら食物の中にあるエネルギーは体に入ってきません。人間の身体の三分の二は液体だというくらいですから、水がなければ生きていかれない。

それから太陽の光線、土壌《どじょう》。それらがみんなこうして、お互いを生かすのに必要なエネルギーを用意して、いわゆる昔の人の言う神や仏、科学的に言えば素粒子が、それぞれの配合率をもって形を変え割合を変えて、いま言った五つのものに含まれているのであります。

それをわれわれは、息をし、食物を食べ、水を飲むことにより、あるいはまた、接触することによって体の中に受け入れているんですよ。

では、それをほんとうに自分の生命の活力として転換させてくれているのは何かというと、それは人間の生命の中にある神経系統なんであります。

この神経系統が、直接、間接に宇宙エネルギーを受け入れて、それによってわれわれを生かしてくれるのであります。

ところが問題がここにあるんです。

ただあるがままに生きていれば、神経系統は宇宙エネルギーを無条件で受け入れてくれて、そしてわれわれの生命を保つ微妙な働きを行ってくれるのですが、この働きを妨害すると、ぜんぜんダメになってしまうんです。

火事になって、消防車が走りだしたとき、そのゆく手にヤジ馬が飛びだして邪魔したら、消防手の活動が妨げられ、火事は燃え放題になってしまうでしょう。

これと同じように、神経系統もあるがままに働かしておけば、われわれの生命を生かすエネルギーを受け入れる体勢が完全に働いてくれるが、心のもち方、心の態度が消極的になると、消防手の前にヤジ馬が飛びだしたのと同じ結果がきてしまうんですよ。

特にいちばん恐ろしいのは、自律神経の働きというものは、ものの声に応ずるがごとく、消極的なものにすぐ影響を受けることなんです。

ものは証拠、神経過敏の人が病《やまい》にかかるとなかなか治りません。これは要するに心が消極的なために、神経系統がうまく働かず、生活機能のバロメーターを下げてしまうからなんです。

ショックや衝動を、いちいち心だけで受けてると、そのショック衝動に心がいたぶられちまう

これ、驚いたり怒ったり、あるいは悲しんだりしても、同様の結果がきてしまうんです。つまりは、外からの刺激や衝動によって心がおののいたり、乱れたりすると神経系統は、やはりものの声に応ずるようにうまく働かなくなってしまうんです。

ですから、日常の生活において、心が乱れをきたさないようにしなきゃいけませんよ。

ではどうすれば心の乱れを防げるか、これはもう医学的なくわしい説明をはぶいて、きわめて簡単に方法をお教えいたします。

すべての感情や感覚の衝動や刺激を、いいかい、今までは心ですぐ受けて、あるいは驚きあるいは怒り、あるいは悲しんでたろう。

今度はそれを腹で受けるようにしてごらん、腹で。心で受けると、どうしても衝撃が大きいんですよ。

と言っただけじゃわからないか。

いいかい、何がなしの感情なり感覚の衝動や刺激があったらば、まず第一番にグッと腹に力をいれる。同時に忘れてならないことはその時にアットワンス（瞬間的に）にケツの穴をしめて肩をおとすんだよ。わかるかい？

つまり肩と肛門と腹との三位一体。これやるとね、たとえば波の荒い日に船にのっていても、腹に力をいれて、肛門をしめて肩を落としてると、どんな大きな動揺が来ても、少しもその体に動揺を感じないばかりか、心に少しも変化を起こさなくなります。

どかーんと音がしたときにびくっとするだろう。車がきてパーってならされたら、どきっとするだろう。このときですよ。ショックや衝動をいちいち心だけで受けてると、そのショック衝動に心がいたぶられちまうんだ。

昔の武士が「腹を練れ」ということをやかましく修練で言ったのはこのことなんです。よろしいか、へそを中心とする腹筋神経《ふっきんしんけい》から脊髄《せきずい》の十三番目に連絡しているこの神経系統をもってして、心の動乱を防ぐがために修練していたんです。

ところが今の人間は、腹練るどころじゃない。腹減るときだけ腹使ってやがる。（笑）

もういっぺん言うよ。なにかどかーんときたらキュッと、これを三位一体でやるんだぜ。完全に力をいれると同時に肛門をしめて、そうして肩を落とす。肩があがってちゃだめだぜ、肩あがってちゃ。

ケツの穴しめてると、そりゃもう人間の生命の強さがぜんぜん違ってくるんです。昔から水に溺れた人間でも、尻の穴がしまってると助かる。木から落っこった人間でも尻の穴がしまってると助かるんです。

だから怒りそうになったらキュッ、悲しくなったらキュッ、もうこれだけでぜんぜん心がいたぶられなくなるんですぜ。

ただし、これ恋人と会ってるときはやっちゃだめよ。愛も感動もへちまもなくなっちまうから。いいかいお嬢さん方。（笑）

人生というものは、そこに進歩と向上があってこそ、生きがいを感じ、勉強もし、努力もするんだぜ

さあ厳粛に考えなさいよ。真理によって生みだされ、真理によって生きていくお互いは、どんな場合があっても真理以外では自分の生命は守れない。この厳粛な人生真理のうえから、おごそかに結論すれば、人間はどんなことがあっても、心の態度を崩してはいけないのです。

さっきも言ったとおり、たとえ身に病《やまい》ありといえども心まで病ませない。運命に非なるものがあっても心まで悩ませない、という態度でいかないかぎ

りは、生命エネルギーの受け入れ体勢が妨害され、完全な人間の価値の発揮ができなくなるんです。

人間の生命のもつ可能力というものが発揮できなくなると、名ばかりの万物の霊長で、現在から少しも進歩も向上もない人間で一生を終わらなければならなくなるんです。

人生というものは、そこに進歩と向上があってこそ生きがいを感じ、勉強もし、努力もするんですよ。

それにはまず第一に、心の態度をどんな場合があっても、尊く強く清く正しく、この心の態度を常にきびしく、自分自身が守っていくことが大事なんです。

それを守りぬいた人は優れた人間になるわけで、その大事なことを忘れてただ一生懸命に勉強し努力しても、それであるていどの成功は勝ちえても、ほんとうの人生の勝利者として、いつ顧《かえり》みても自分の現在の幸福をほほ笑みで感じられるような人間にはなれませんぞ。

こうした話を聞かれたみなさん方は、なんという恵まれた因縁《いんねん》をもった人だろうと言わずんばあるべからず、たった今から自分の心の態度を、どんな場合があっても積極的にするということを忘れないでください。

最後に「人間が自分の人生に対して絶対的に積極的な心の態度で生きるということは、この複雑混沌《こんとん》たる世相にあっても、ほんとうに幸福に生きぬいていく秘訣である」という言葉をそえておきましょう。

みなさん方の生きる人生において、もちろん苦しいことも辛いこともありましょう。いつも春風駘蕩《しゅんぷうたいとう》たることばかりではありません。そういうときに今日の講演を思い出して、人生の波瀾《はらん》に打ち勝ち、のり越えていくという気持ちをもってください。

前途洋々《ぜんとようよう》たるみなさん方の人生の首途《しゅと》をお祝いして、きょうの講演を終わります。

敵をも味方にする

敵は愛すべきもんだぜ。敵があってはじめて自分の価値が定まるんだから

いつのころからか、雨がふると必ず講談をするということに、もうずいぶんと昔から相場が決まっておりますので、きょうもひとつ、講談にしたいと思います。

講談といってもちゃんと教えがありますからね、ただ喜んで聴いて帰っちゃやだめよ。きょうは「敵をも愛して、広き心をもって人生に相対せよ」という教えを講談で説きます。

お集まりの、とくに若い青年や子供たちの理解を早めるために、明治維新の際にあった、桂小五郎《かつらこごろう》と近藤勇《こんどういさみ》の果たし合いの一場を、講談調でお話ししたいと思います。

これはまあ、多くお断りするまでもないことですけれども、いつものような講演のお話でしたら、そりゃまあ私の魂になってることをお話しするんですから、格別なんの困難も感じることなく、ありのままに、そのままにお話を進めていくことができるんです。

ですが講談となると、こいつは一つの技術でして、講演とは筋合いが違ってきます。あなた方の魂にぴったり入るか入らないかってことは、これはあなた方の聴き方一つにあるんですから。

芸人の講談聴くつもりでなく、教えを聴くつもりでこの講談を聴くんだぜ。いろんな勝手な注文をするようだけれども。(笑)

さて、日本の昔の武士というものは、大義名分に生きることを人生のモットーとしておったために、どんな場合があっても敵を愛していたんだ。敵を憎むという行為を決してしなかったんだ。

つまり、早い話が、自己の存在は相対的なものがあってはじめて、その存在を確保できるという、大変むずかしい話だけれども、物理の反射作用というものが自己存在を意識的に確実にせしめる。

もっとやさしい言葉で言いましょう。相対《あいたい》するものがいなかったら、自分は孤独ですぜ。孤独だったら、自分の存在というものの価値は、だれが一体これを定めてくれるかっていうことです。

経済学の初歩の原論に「価値の認識」ということがあるね。その価値の認識ということを考えてごらん。相《あい》くらべるものがあって、初めて価値というものがそこにつくられるんだろう?

こういう意味からいったら、敵は愛すべきもんだなあ。敵があってはじめて自分の価値が定まるんですから。

剣豪《けんごう》宮本武蔵《みやもとむさし》が日本六十余州、ただ一人の剣客だと言われるにいたったのも、佐々木巌流小次郎《ささきがんりゅうこじろう》という強い相手があってこそでしょう。いくら武蔵が、「俺は日本一の剣術つかいだ」と言って六十余州を暴れまわってみても、敵対するものがみんな弱かったとしたら、強さというものは、「あいつは強そうだなあ」と、ただ観念的に思われるだけですよ。

まわりの人は、「武蔵も今度ばかりは、あいつにはかなわないだろう」と思うのに勝ったんで、初めて武蔵の強さもわかったってわけです。

そうすると、武蔵の強さを知らしめた小次郎は、なるほど敵対の言葉をもちうると同時に、武蔵にとっては、武蔵の強さを証明してくれた恩人になりますよ、これ。

こういうことを考えてみたときに、これをただ単に、そうした力と力との勝負のこととして考えちゃいけないのよ。

人生の出来事のすべてに対しても、自分の人生の前にあらわれるものは、みーんなこりゃね、自分というものの価値認識のために必要な、相対的な尊いものだと、こう考えるのが一番いいんですよ。

実を言うとね、これから話す講談は、講談師ができない話なの。

かつて私が講談師の一龍斎貞山《いちりゅうさいていざん》に話して聴かせたことがあるの。今あなた方が聴いてるように前に置いといてね。そしたら、聴いてから言った言葉が実にふるってるんだよ。

「どうだわかったか。やってみたいと思うんなら、ネタつくってやるぞ」

「いやあ、とてもできません」

「え？　それがおまえの仕事じゃねえか」

「いやあ先生、それはだめだよ。桂小五郎さんのはむりだ」

「うん？　おまえ講談師だろうが」

「そりゃ、近藤勇のまねできますよ。けど、桂小五郎のその悠々迫らざる腹芸ってものは、こりゃあだめだ先生。先生のように、本当に命ぶつけて戦ってきたもんでなきゃ、そいつは味がわからねえ。味のわからねえことをしゃべれったって、それはできやしませんよ」

「できそうもないかい」

「だめだなあ。話したいけど、話せねえなあ、そりゃ」

と言いながら、にっこり笑いやがって、

「ねえ先生、足洗いなさいよ、足を。そんなことしてるよりも、講談師におなりよ」

なんてことぬかしやがったんですがね。(笑)

わずか一〇〇年たらずで、人間の思想なんて、びっくりするほど変わってしまうもんだよ

さあそれではお待ちかね、講談をはじめます。

さてさてご承知のとおり、明治維新《めいじいしん》は、刈菰《かりこも》の跡のように相当乱れた。しかし、あの当時の憂国《ゆうこく》の志士というもの、善かれ悪しかれ、命がけ。

そして、思想は今の右翼と左翼と同じような状態で、佐幕《さばく》と尊皇《そんのう》と、この二つに分かれて、互いにしのぎを削っていた。

佐幕っていうのは簡単に言えば、江戸幕府の味方、尊皇ってのは天皇側で

後に明治政府つくったほうだ。まあとにかく、がっぷり四つの戦いだった。

ただ、卑怯《ひきょう》なふる舞いをするものはいない。正々堂々と、おのれたちの主義思想の違うのは、剣《つるぎ》をもって解決していたというから、今とおよそ時世が違ってた。

当時、佐幕の巨頭《きょとう》として知られたのが、京は壬生《みぶ》（現在の京都市中京区）にたむろしていた新撰組《しんせんぐみ》。ご存じのとおり、尊皇派の弾圧《だんあつ》に暴れまわって、泣く子もだまると恐れられた浪人《ろうにん》の武力組織。

この頭領《とうりょう》、近藤勇という剽悍《ひょうかん》無比の猛者がこの一番の大将格《たいしょうかく》。これは非常に気性《きしょう》のあらい、猪《いのしし》みたいな男であったに違いない。

武芸《ぶげい》はさほど強くはなかったらしいが、ようするに強さ一点ばりの男。いまの言葉で言うと、傍若無人《ぼうじゃくぶじん》な、こりゃもう不良浪士《ふりょうろうし》の中でも、選りすぐった悪いやつだったんだな。

時世時節《じせいじせつ》なもんだから、新撰組なんていうものがつくられて、そこの親分《おやぶん》になったんだが、いわば明治維新のときの不良浪士の総取締《そうとりしま》りみてえなもんだ。

もちろん、そりゃもう「類《るい》は友をもって集まる」でもって、集まってくるやつはみんな、一筋《ひとすじ》も二筋縄《ふたすじなわ》でもいかねえやつばかり。

あるときのこと、副領袖《ふくりょうしゅう》の土方歳三《ひじかたとしぞう》が、頭領、近藤勇の部屋に入ってきた。

そして、

「頭領、お聞きになったか」

「何を？」

「このごろ、長州屋敷《ちょうしゅうやしき》にひと月ばかり前から、桂小五郎という男が来ておるがのう」

「それがどうしたい」

「いや、きょう、町で童《わらべ》の戯《ざ》れごとから耳にしたが、聞き捨てならん一条《いちじょう》」

「何事だ」

「いやさ、この桂小五郎という男、よほどの使い手のよしだ。町の童の口にかかっては、近藤勇ほどのおぬしも、まるで形なしだ」

「何と言うんだ」

「いやさ、いかに新撰組の頭領といえど、長州の桂には歯も立つまいと」

「なに？　それは本当か」

「本当にも嘘にも、たったいま聞いてきたばかりの話だ」

「聞き捨てならんな」

「おうよ。新撰組の貫禄《かんろく》にもかかわるし、頭領の面目《めんもく》にも関すると思ってな、まあお耳に入れた次第《しだい》」

「よし、果《は》たし状《じょう》を書け」

昔の武士ってえやつは、今日《こんにち》の人間の考えられないような突飛《とっぴ》な乱暴《らんぼう》さを持ってたんだな。

さっそく書き上げるように命じてからに、

「明後三日後、妙心寺《みょうしんじ》において、丑三《うしみ》つの時刻（真夜中・午前二時半ごろ）を合図に命の取り合いをつかまつろう」

昔の武士ってものは、こういうときに果たし状をつけられると、事情のいかんを問わず、オーケーと言わなきゃならなかったものなんだ。

わずか百年たらずで、人間の思想なんてびっくりするほど変わっちまうんだ。今こんなことを、まあ果たし状をつけるやつもなかろうけど、つけられたほうは、まず第一番に「何ゆえの理由ぞ」と、こうなるだろうが、理由なんか問わないんだ、昔はね。武士の面目《めんもく》として、果たし状をつけられたら、いや応《おう》なしにオーケー。

もちろん桂小五郎、快《こころよ》く承諾《しょうだく》する旨《むね》を、使いの者に書面《しょめん》をもって近藤勇に伝えた。

やがて間もなく三日がたった定めの夜。そりゃもう、近藤勇、気負いたってからに、門弟《もんてい》十四、五人連れて、宵《よい》の口から妙心寺《みょうしんじ》へ行って、本堂《ほんどう》の廊下《ろうか》のところでもって、一升《いっしょう》とっくり何本も倒して、飲めや歌えの大さわぎ。お祭りなんだか、これから命の取り合いするんだかわからねえような大さわぎ。しだいに時刻《じこく》が移《うつ》る。初更《しょこう》（今のおよそ午後七時から九時）から二更、三更、そして丑三つ時、いっこうに桂小五郎の姿が見えねえ。

そうするてえと、弟子《でし》の一人が、

「どうもまいりませんようですなあ」

「来ないのが本当だろうなあ。よっぽど命を粗末《そまつ》にするやつでなきゃ、この我々に手向かいするような気持ちはでまい」

「来ないと決まりましたら、ひとついかがでございましょう。ここでもってのんべんとして待っていますよりは、ちょうど時刻も頃合、これから祇園《ぎおん》にでも繰《く》り込みまして、夜通《よどお》しひとつ飲み直しといたしましたら」

「うん、それもよかろう。じゃあ出かけるか」

立ち上がろうとしたときに、土方歳三が、

「まあ待たれい。いままで待った以上は、やがて丑三《うしみ》つ時の鐘《かね》の鳴《な》るのも間もなかろう」

「来ないと相場は決まっていても、まあまあ約束の時間まで待つのが、へんな言いぐさだが、お互いの武士としての態度じゃなかろうかな」

「うん、それもそうだな。それじゃまあ、丑三つ鐘の鳴るまで飲もうか」

来ないものと思い切ってからに、またそこでもって飲み直しやってると、やがて、ボーンと打ち出す丑三つの鐘。

なんでも昔の丑三つの鐘てえものは、本鐘を二度ついて、裏鐘を三度つくんだそうですな。最初、裏鐘が一つ軽くつかれて、本づきが一本、ボーン。その間にまた合いの手に、犬の音を出しといて、また本音を一つ、ボーンと打って、また犬の音でけりをつける。二つ打つのが本当らしかった。

本音が終《しま》いになって、犬の音が鳴る前に、近藤勇、にんまり笑って、土方歳三に、

「いよいよ来ないぞ」

「まさしく来ないようでござるな」

「では、祇園《ぎおん》にでも繰り出すとするか……」

心の態度が積極的であれば、敵をも味方にせしめれるんだぜ

近藤勇、それではと、立ち上がろうとしたときに、とめの犬の鐘がコーンと鳴って響《ひび》きの終わらないときに、ふっと目やるてえと、楼門《ろうもん》のところにぽかーっと影のように一人の男が浮かびあがった。

手ばやく見つけた弟子の一人が、

「おっ、参りました、桂が」

「うん？　来たか」

言うが早いか、いきなり、気負《きお》い立った近藤勇、ぱーっと飛びおりるなりに、愛刀《あいとう》を大上段《だいじょうだん》に振りかぶって、声を荒らげて、

「桂、卑怯だぞ。約束の時間になぜもっと早く来ない」

「これはしたり。約束の時間は丑三《うしみ》つとお示しがあったように心得る。お耳に入らなかったかな。丑三つの鐘が鳴り終わってから参りしなるは、おとがめも必定《ひつじょう》。時刻どおり参《まい》ったはずだ」

「つべこべ言うな。抜け」

「待たれい。どうせ、討つ、討たれるかは覚悟で参ったそれがし、しかし何もそう急《せ》くことはござるまい。どっちかが討たれるこの果たし合いで」

「つべこべ言うな。臆《おく》したか」

「いや、臆しはいたさん。しかしな、近藤氏、道々もそれがし考えてきたが、お身もそれがしも、今の時世にいていらない人間じゃござらぬはず。い

やさ、おらねばならない必要な人間たちだと、自惚《うぬぼ》れもあろうが、考えている。何もそう急《せ》いで殺し合うほどのここに差し迫《せま》った事柄もござるまいと存ずるでなあ。いかがだろう。死ぬときは、いずれか早晩《そうばん》来るにきまってるので、そのときまでひとつこの果たし合いは思いとどまられては」

「なに？　今さら気臆れがしたか」

「いや、気臆れはいたさんが、つまらない果たし合いをしてからに、それが一体全体《いったいぜんたい》、今の世の中のために、どこがどうなると思《おぼ》し召すか」

「だまれ、抜け」

「そうか、かよう申しあげても、おわかりがなくんばいたし方ない。しからば、お相手つかまつろうか」

「ぐずぐず言わず抜け」

片っぽうは獅子奮迅《ししふんじん》、騎虎《きこ》の勢いでもって、こりゃもう興奮《こうふん》しきってるのを、にんまりと笑った桂小五郎、今まで懐手《ふところで》してたものを、片手をそっと出して、静かに刀を抜いて、ゆるやかにピタリ、正眼《せいがん》（刀の切っ先を相手の目に向ける中段の構え）につけた。

近藤勇、じいっと見てみるてえと、自分の剣技がわざにおいて優《すぐ》れたものがなくとも、武士でありますす以上、相手の身がまえでもって、どのくらいの腕前《うでまえ》かぐらいはわかる。

大上段に振りかぶって、酔眼《すいがん》をかっと見ひらいて見てみるてえと、兎《う》の毛で突《つ》いたすきもない小五郎の身がまえ。

すると、近藤勇がじいっって見ていたら、小五郎は笑顔を少しも崩さないで、にこにこしながら、

「近藤氏、率直《そっちょく》に申すが、ちと今日のでき具合はまずいようだな。常日《つねひ》ごろ聞きおよんだ近藤氏とはちとお構《かま》えが違う。乱れがあるように見るがな。

察《さっ》するところ、ちと飲みすぎのご乱酔《らんすい》の体《てい》と見うける。おたがいの武士の果《は》たし合いは、互角《ごかく》と互角で勝負をしてこそ興《きょう》もある。小五郎、立ち合いをいたす気にならん。素面《すめん》で、酒の酔いの回ってないときにまた改めて太刀《たち》打《う》ちいたそうではござらんか」

「ええ?」

「手前、お先にごめんこうむる」

正眼《せいがん》に構《かま》えた刀をすっと引くと同時に、ゆるやかに懐紙《かいし》を出して、ぬぐい清《きよ》めると同時に、ぴたり。再びもとのとおり懐手をしながら、満面《まんめん》を笑顔でほころばせながら、静かに近藤勇のところへ近寄《ちかよ》ってきた。

片っぽうは大上段。切ればすぐ切れるはずだが、もちろん昔の武士としてからに、相手が武器を捨てたときには切らない。けど、近藤勇ぐらいの人間だったら、そういう場合にそういう礼儀《れいぎ》なんか重んじようはずがない、これは野武士同様《のぶしどうよう》な男。だが、小五郎の人格の力だ。大上段に振りかぶった刀を、どうしてもおろせない。

それを知ってか知らずか、そばに近寄ってきて、いきなり片手を伸ばして、近藤の肩を軽くたたいて、

「おさめなされ。一人芝居《ひとりしばい》は興が薄《うす》い。さ、お帰りは壬生《みぶ》でござろう。それがしも三条小橋《さんじょうこばし》まで帰る。討《う》たれる日の来るまでは、何も敵でも味方でもござるまいで。さあ、一緒に連れだってまいろう」

拍子の抜けたように気をのまれた近藤勇、まったく酔いも一時《いっとき》に覚《さ》めたような気持ち。言われるままに刀を鞘《さや》に。二人で肩を組んで、むつまじげに、百年の知己《ちき》のごとく帰ったとか。

これはまさに、人間の人格の魅力でしょう。心の態度が積極的であれば、敵をも味方にせしめられるんであります。

憎い人があろうはずがない。あなた方がなにか憎らしいことを考えているだけだ

それから以来というものは、近藤勇、ご承知のとおり、死ぬまで桂小五郎に手を出さなかった。果たし状もつけなかったという有名な話。

もとより近藤勇、桂小五郎を相手に五分の勝負のできる腕前なんかじゃありません。

日本六十余州、その当時、桂小五郎この人の右に出る剣客家《けんきゃくか》は、千葉の博徒《ばくと》であった笹川の繁蔵の用心棒になった土佐の浪士の平手造酒《ひらてみき》、この人以

外に桂小五郎の向こうに太刀打ちのできたものはなかったというぐらい。馬庭念流《まにわねんりゅう》から鍛え上げて、直心影流《ちょくしんかげりゅう》の極意まで得たという人。

生涯《しょうがい》にだれが一番恐ろしかったと近藤に訊《き》いたら、「恐ろしい以上、手も足も出なかったのが桂小五郎だ」といった話があります。

これはただ単にわざがすぐれていたばかりでなく、期せずして明治維新の大業《たいぎょう》を遂《と》げるくらいな桂小五郎という人の持っていた人格の力、いわば腹の力です。

天風道で言う、いわゆる絶対的な積極心が、あらゆる敵をも、いわば即座《そくざ》に味方にしえたという、これが心の力の実際的な証拠であります。

心の力が勝れば、敵をも味方にすることができるんです。まして言わんや戦《いくさ》もないこの現代。私はいつも言うでしょう、憎い人があろうはずがない。あなた方がなにか憎らしいことを考えているだけだ、と。

凡人は敵対し、優れし人は和合する。ケンカすることより、仲良くすることをまず考えなきゃだめですよ。

自分自身で厳かに考えてみてください。自分が喧嘩っ早いか、いつも仲良くしようと努力しているか。

なにかあればすぐに腹たてて、「このやろう」って、しょっちゅうぶつかり合っている人、きょうのお話をよくかみしめてみてください。

本日の講談、何かのご参考になりゃ結構です。

だから、どんな場合があっても、敵は敵とせずして、敵としてあらわれたものも、みなそれを味方にしうるような心の力をもちえるよう、あなた方も努力してみてください。

あなた方も実行に移したら、必ずできることだと思いますから。

一席の講談でありますいずれまた、折があったら講談をお聞かせするときもありましょう。

ではお時間であります。ご退屈さま。

笑いの人生に生きる

どんな名医や名薬といえども、たのしい、おもしろい、嬉しい、というものにまさる効果は絶対にない

古い日本の歌に、「おもしろき事もなき世を、おもしろく住みなすものは心なりける」というのがあります。

さらに西洋の哲学者オリヴァ・インデルス・ホルムスの言葉に、「およそ楽観歓喜《らっかんかんき》の観念《かんねん》は、神が人間の生命をより新しく甦《よみがえ》らせるために与えた霊液《れいえき》とも言うべきもの。これに反して憂愁《ゆうしゅう》、煩悶《はんもん》、恐怖《きょうふ》、憤怒《ふんど》、悲観《ひかん》、苦労《くろう》というような消極的観念こそは、命を腐《くさ》らす毒錆《どくさび》のようなものである」とい

うのがあります。

つらつらとこの歌とこの言葉を照らし合わせるとき、そこに相通ずる人生哲学と人生科学とを発見するのであります。

わかりやすく言えば、たのしい、おもしろい、嬉しい、という思いが心の中に生じた時ほど、朗《ほが》らかな生きがいを人生に感じられる、ということなんです。

そして、それがどんなに健康にも運命にも、はかりしれない大きな効果を与えるかわからない、ということに思いいたるとき、よりいっそうの貴《とうと》い価値《かち》を感じるのです。

どんな名医や名薬といえども、たのしい、おもしろい、嬉しい、というものにまさる効果は絶対にないんです。これ、私は私の長年の経験で断言いたします。

わかりやすく言うとね、朝おきた。頭が痛い。普段なら「やれ薬だ、医者だ」、なんて騒いでるのに、そこへ好きな人がひょっこり来た。そうすると頭が痛いのもなにもかも忘れて、そりゃもう夢中になってべらべらおしゃべりしたり、抱きついたり、舐《な》めたり…。（笑）

嬉しくて楽しいもんだから、頭が痛いのすっかり忘れて治っちゃってますよ、その間。これ、どんな名医や名薬にもまねできない芸当です。

で、そのあと、その好きな人が帰っちゃうと、頭が痛いのを思い出して「あいたた…」って。集金なんか来やがると、もう、よけい頭が痛くなっちゃう。（笑）

どうです、みなさん方。ご経験あるでしょう？

これ観念の作用です。あなた方が「ああ、たのしい」「ああ、嬉しい」って思っていると、もう、イキイキと生き甲斐のある人生に生きていられるんですよ。病《やまい》なんかも忘れて。

逆に「ああ、いやだな」「ああ、つまんないな」なんて思って生きてると、熱はでるは頭は痛くなるわ、もうだんぜん、生き甲斐のない人生になってしまうんです。

もうおわかりでしょう。人生は心であり、観念であります。これこそが、あなた方の人生を極楽にもし、また地獄にもすることができうる、唯一のものなんです。

いいですか、よくお考えください。「極楽だ、地獄だ」と感じているのは、あなた方の心でしょう。あなた方の心が地獄だと感じれば地獄になってしまうんですよ、あなた方の人生が。

ですから何かがあれば、「ああ、たのしいな」「ああ、うれしいなあ」って思うようにすればいいんですよ。

こう言うと中には、「そりゃ先生、理屈はごもっともですが、そう思えって言われても、この世の中、どこにそんなに面白いことや、たのしいことや、嬉しいことがあるっていうんですか」なんて言う人がいやしませんか。どうです、みなさん方。

むしろ、そういうこと言う人のほうが、数においては多いかも知れません。ですがね、あなた方が、ほんとうに幸福にみちみちた、価値の高い人生に生きようとするなら、考えねばならないのはこの点ですよ。

いいですか、心の態度を、いちいち対外的なものに反応・反射せしめているかぎり、しょせんは消極的におちいる場合のほうが多いんです。まして、今日《こんにち》のように消極的なもので溢れかえっている世相においては、なおさらのことですよ。

ですから、対外的なものを超越することが必要なんです。言いかえれば、いかなる出来事にも、心がこれにいたぶられないようにすることが、だんぜん必要なんです。

ではどうすれば、心が消極的なものにいたぶられないようにできるかっていうと、それには常に積極的な心をもってこれに応じ、歓喜の念をもってこれに接するようにするんです。こう言うと、

「天風先生そんなこと言ったって、それはなかなか簡単にできることじゃありませんよ」

と言う人がありますが、その人は一生、「凡人《ぼんじん》を以《もっ》て甘《あま》んずるの愚《ぐ》」をあえてする人で、そういう人は棺桶《かんおけ》に足をつっこむまで、ほんとうの健康とか、あるいは幸福というものを、みずから好んで放棄《ほうき》している人ですぜ。

悲しいことや辛いことがあったら、いつにもまして、笑ってごらん。悲しいこと、辛いことのほうから逃げていくから

いいですか、常に積極的な心をもって応じ、歓喜の念をもって接するようにすれば、心はいたぶられないんです。

といっても、なかなかできない人も多いでしょうから、いちばん簡単な方法を、いまからお教えします。

いいですか、なにか悲しいこと、辛いこと、そのほか消極的な出来事があったら、努めて「笑う」ようにしてごらん。どうだい、これならあなた方で

もできるだろう？

多く言うまでもなく、笑えば心もちは、何となくのびのびと朗《ほが》らかになります。すなわち鬱《うつ》な気が開けるんです。あなた方も、笑えばこう、なんとなく楽しくなってきやしません？

ためしに、おかしくもなんともないときに、「アハハ」って笑ってみてごらん。なんだかおかしくなってくるから。

悲しいときや辛いときにも、おかしな話に引きこまれると、なんだか笑ってるうちに悲しいのや辛いのを忘れはしなくても、やわらいだっていう経験おありでしょう。

笑うにつれ腹がたってくるとか、悲しくなってくるとか、辛くなってくるってことは、絶対にないんです。

この簡単な事実を、案外にも多くの人は見のがしていやしませんか。この笑いの効用を応用すれば、すこぶるいい結果を人生に招くことができるんですよ。このことに気づいている人が少ないようですなあ。

考えてみればすぐおわかりになられることなのですが、そもそもこの笑いというものは、生きとし生けるすべての生物の中で、われわれ人間にだけ与えられている特殊の作用なんですぜ。

ほかの生物の世界には、人間のように笑うという表情をもって、心の喜びを表現する特別の作用はだんぜんありません。どんなに訓練された犬や猫でも、人間同様に笑うということは断じてできないんです。

私は上海《しゃんはい》でね、笑うオットセイという見せ物を見たことがありますが、それは人間の笑い声と同じような叫び声をあげるだけで、顔には笑いの表情を見ることはできませんでしたよ。

これ、声だけは訓練で教え込むことはできますが、人間のように笑顔を表現する微妙な運動神経がその顔にないがために、どうしても教え込むことができないんです。

こうした事実を厳粛に考えますと、笑いというものは人間にのみ与えられた特権だってことがわかるでしょう。ですから、これを本当に応用せず、また使わないで人生に生きるというのは、あまりにも馬鹿げた話だと思いやしませんか？

昔から言うでしょう、「笑う門には福きたる」ってね。

さあ今日から、努めて笑うことにしましょうや。とくに悲しいことや辛いことがあったら、いつにもまして笑ってごらん。悲しいこと、辛いことのほうから逃げていくから…。

笑顔は、万言にまさるインターナショナル・サインだよ

みなさん方にとくに考えていただきたいことは、われわれ日本人は、世界中《せかいじゅう》でいちばん笑うことの下手な民族であるということです。

この事実は、一度でも海外に行ったことのある人なら、だれでもすぐにおわかりになられると思います。

いったい、なぜ日本人はこんなにも笑うことが下手なのかというと、その理由をしいて言うと、武門階級華《ぶもんかいきゅうはな》やかなりし時代の考え方、つまり封建的《ほうけんてき》な

日本哲学《にほんてつがく》にあると思われるんです。

すなわち「真人《しんじん》たらん者は、すべからく喜怒哀楽《きどあいらく》を色に表すなかれ」というのがそれです。昔の人は、ひたむきにこれをあがめ奉《たてまつ》ることに努力したんですねえ。

私もね、子供のとき、何かおかしなことがあって笑ってると、すぐに父親から叱《しか》られたもんです。「何だ男のくせに、女子供《おんなこども》のように笑うということがあるか、恥《はじ》をしれ」ってね。ですから、できるだけ笑わないように努力したもんですよ。

今なら「オヤジは古いなあ。笑いには非常な効用がありますよ」って、逆に言ってやれるんですが…。

まあ、親の頭を「古い」って思えるのは幸せですよ。あなた方も言ってやしませんか、「うちの親は古くてね」なんて。これ、当たり前ですよ。親の

ほうが昔から生きてんだから。親のほうが子供より新しく生まれたって話、聞いたことないですもん。（笑）

ですから「親は古いなあ」って思えるように育ててくれた親に感謝しなさいよ、あなた方。

ま、とにかく、笑うということに、ブレーキをかけるようなまねは、おおいに批判是正《ひはんぜせい》すべきものがあると私は言いたいんですよ。

そりゃ、怒りや悲しみは、みだりに色に表わさないほうがいいですよ。ですが喜びとか楽しみというようなものを、色に表わさないとしたら、第一、人間世界《にんげんせかい》の情味《じょうみ》や円満《えんまん》ということが、多分《たぶん》にスポイルされはしまいかと思うんですが、いかがですか。

たとえば人に贈りものをするような時でも、お互いに笑顔をもってしたならば、和やかでますます楽しいものともなりますが、ニコッともせずむっつり顔でこれやってごらんなさい。もうだんぜん意味をなさないどころか喧嘩《けんか》になっちまうでしょう。

まったく笑顔は、万言《まんげん》にまさるインターナショナル・サインなんです。

こんなわかりやすいことを合点しないのか、現代人の中には、なかなか容易《ようい》に笑わない人が多いんです。

中には笑うことを恥《はじ》のように考えたり、あるいはまた何かそうすることが威厳《いげん》にかかわるとでも思い込んでいる人すらいますねえ。そしてさながら苦虫《にがむし》つぶした閻魔《えんま》さんのように、無愛想《ぶあいそう》な仏頂面《ぶっちょうづら》をしている人が多くありはしませんか。

しかしそれでは人生、なんの幸福も楽しさもありゃせんと思うんですが、いかがですか、みなさん方…。

笑いは無上の強壮剤であり、また開運剤なんだぜ

第一、笑顔を失うと、命の資本ともいうべき健康もみるみる破壊《はかい》されますし、また運命とて同様に、とかく阻《はば》まれがちとなってしまうんですよ。西洋の諺《ことわざ》にも「和《なご》やかな笑顔の漂《ただよ》うところに、運命の女神《めがみ》はその慈愛《じあい》の手をさしのべる」というのがあります。

いったい何のために、人間だけが笑えるようにできているのかということを厳粛に考えなきゃだめですぜ。あなた方、考えたことあるかい？

それはね、人間は万物の霊長として創造の大使命を行うがために、この世に生まれたのでありますから、一面においては他の生物とは比較にならないほどいろいろな恩恵《おんけい》を授《さず》けられているんです。

が、またその半面においては、その人生に重い大きな負担を負わされています。したがってその実際生活を営むとき、そりゃもう、はかりしれない苦しみと悩みとがあるんです。

そして、笑いというものは、その苦しみや悩みに疲れる心や体を、「ほどよくこれをもって調和せよ」ということで、人間にだけ与えられた特別のものに他ならないんですよ。

その証拠には、苦しんでる時とか、または悩みに襲われたような時、何かおかしな事があって思わず笑えば、どれだけその苦しみや悩みが軽くなるかわからないでしょう？

第一、いつも笑顔でニコニコしている人に病弱の人いますか？　笑顔で悲観《ひかん》している人や、その精神を消極的にしている人いますか？　そんな人は、だんぜんいやしませんよ。

こう言うと中には、「私は病弱だから笑えないんだ、悲しいことがあるからニコニコできないんだ」と言う人がいますが、そういう人にかぎって、健康な時でも運命のよい時でも、いつもニコニコとは笑っていないでしょう。ちがうかい？

むしろたまさか笑えば、薄っぺらな作り笑い。腹の底から喜びを表現する笑いなんかじゃないんだ。また中には声だけ大きい笑い声を出してアハハといって、その顔に少しも笑いの表情を表わさない人もいますねえ。

そんな人より、たとえ笑い声を出さなくても、ニコニコ笑顔をする人のほうが、よっぽど尊いですよ。

いったいこの手の人は、笑うとなにか損をするとでも思っているのではなかろうか、と思うんですよ、私。

ある落語家が「笑って損をするのは金箔屋《きんぱくや》だけだ」ということを言ってましたが、これも商売道具《しょうばいどうぐ》の金箔を扱うとき以外は、笑って損をする気づかいはありゃしない。

いずれにしても、笑いは無上の強壮剤であり、また開運剤なんだぜ。

事実において、ニコニコ笑顔の人のそばにいるのと、むずかしいしかめっつらしている人のそばにいるのと、あなた方どっちが気持ちいい？

笑顔の人のそばにいると、なんとなくチャームされ、多少の悩みや悲しみがあっても忘れちゃうでしょう。

おいと呼ぶにも笑顔、はいと返事するにも笑い顔

精神病《せいしんびょう》の患者でも、悲観して泣きさけぶ患者《かんじゃ》よりは、ニコニコ笑う患者のほうが、回復する率が高いんです。ですから、このくらい効果のある笑いというものを、勉《つと》めて表現するようにしましょうや。

もう、笑いには、いかなる薬よりも効果があり、そして人生を極めて美しく彩《いろど》る力があるんですから。

そこで参考のために、笑いというものが、なぜ健康にも運命にも、非常に

大きな効果があるかということを科学的にご説明いたしましょう。

まず第一に知るべきことは、笑いと「へそ」との関係であります。

この「へそ」なるものと、笑いというものと、そもそもいかなる関係があるかといいますと、それは、笑うと、必然的《ひつぜんてき》に「へそ」がむくむくと動くんです。

これを俗に「臍《へそ》が茶を沸《わ》かす」と言い、またおかしいことを臍茶《へそちゃ》の話だななんて言いますが、笑いにともなうこの「へそ」の動きがすこぶるいい効果を肉体生命におよぼすんですよ。

ですから、「へそ」が動くにつれ、「へそ」を中心として背中へ通じている腹筋《ふっきん》というものがやはり動くんです。この腹筋の振動伸縮《しんどうしんしゅく》ということが極《きわ》めて重要でありまして、腹式呼吸《ふくしきこきゅう》などの効果の一部も、やはりこの点にあるんです。

この腹筋のリズミカルな振動と、伸び縮みとが、腹筋神経《ふっきんしんけい》を通じて脳髄《のうずい》にとてもいい再反射作用《さいはんしゃさよう》をうながし、その結果、神経系統の興奮《こうふん》をしずめる結果がでるんです。

なんども申しあげておりますが、神経系統というものは、生命確保の基盤であります。ですから、神経系統をみだりに、とくに消極的に興奮させることは、直接間接に生命に危険を与えることになってしまうんです。

ですが人間には、ほんとうに感謝すべきことに、この消極的な興奮をしずめる手段として「笑い」が与えられているんです。

そして人間は、この「へそ」の作用をうまく応用できるように、精巧な設計がされているんです。であるからこそ、天風は笑いを礼讃し、笑いをおすすめするんですよ。わかりましたか?

ですから、心しておおいに笑うことに努力しましょう。時にふれ折にふれ。

友人に声ひとつかけるんだって笑顔ですよ。まして笑いのこの作用が、一家の幸福と円満とを助長することを考えたら、もう、家族みんなで協力して、あきるまで笑うことに努力しましょうや。おいと呼ぶにも笑顔、はいと返事するにも笑い顔。

いかなる場合にも怒りや悲観という、人生を泥ぬるような、悪魔を招くような愚かさを演ずることなく、事あるときも事なきときにも、いいえ、事あるときはなお一層、笑顔をくずさないように練習してごらん。

そして終始一貫、笑顔でとおすようにしてごらん。不運な人、体の弱い人は、ひとしお、笑いに努力するんだ。笑うにつれ、人生の幸福と好運がどんどん開けてくるから…。

人間は、怒ったり争ったりするために生まれてきたんじゃない

人の命はけっして長いもんじゃありません。どんなに愛しあっても、また互いに理解があっても、また健康であっても、百年といっしょには生きられないんです。

この現実を考えたら、時を同じくしてこの世の中に生きるお互いの人間は、だれかれなく、笑顔でもって接するのが当然でしょう。違いますか?

人間は、怒ったり争ったりするために生まれてきたんじゃないんです。それとも「俺はケンカするために生まれてきたんだ」っていう人いたら手をあげてごらん。いやしないねえ。だからね、これからはね、怒りそうになったら、笑っちまえ。怒ると同時に笑うことはできないんだから。

ようは習慣なんです。とくに笑うということは、人間のみに特別に与えられたものなんですから、人間ならだれでも、ほんとうに簡単にできるようになりますよ。

現代の日本人が笑い下手《べた》なのは、簡単に言えば自分自身の気持ちのもち方が悪いからですよ。妙に変屈な考え方や気むずかしさでもって、笑顔ひとつださないで、自分にも周りの人にも迷惑をかけたりね。こんなのは人生を価値なくするだけで、およそ無意味ですぜ。

第一、生きている刹那刹那をちょいとでも機嫌を悪くしたら、もったいないと思わないかい？

もうしょっちゅうニコニコ、ニコニコしているときのほうが、気持ちがいいと思うんだけどどうだい？

鏡をみて、笑い顔と怒った顔を見てどっちがいいか。「いやあ、怒った顔はなんともいえねえ」って言えるかい。どんなへちゃでも鏡をみて笑ったときの顔は、なんともいえないかわいい顔になるだろう。

さあ、もうわかったね。

多く言うまでもなく、二度と生まれてこれない人の一生は、極めて貴重なものであります。

ですから、あり能《あと》うかぎり、できるかぎり、晴れやかに生きなきゃウソですよ。とにもかくにも、一切の苦しみをなお楽しみとするほどの、頼もしい心もちで生きてください。

現代はともすればわれわれ人間の生活に、もう形容のできないほどの負担を負わす時代であります。この時代に、本当に幸福を感じて生きるために、おおいに笑いを活用してください。

そしてお互いに、百花燦爛《さんらん》たる輝かしい人生に生きることとしましょうや。

人生、極楽の秘訣

罰当たりな現代人よ、人生の一部分が手に入った、入らない、で悩んでいないか

きょうは、人生を極楽《ごくらく》にする秘訣《ひけつ》についてお話ししたいと思います。

私はいつも言いますが、人生はたった一回かぎりのもの。一生は一生であって、けっして二生ではないんです。

ですから、自分自身の人生は、もうこれ以上はないってくらいに価値高く活かさなければ、なんのために生まれてきたやら、ほんとうにもったいないですよ。

そして、人生を幸福に生きる、生き甲斐《がい》のあるものにする、思いどおりの人生に生きるためには、なにより、あなた方の生命の大根大本《おおねおおもと》となる、命というものを大切にしなければ、どんなに立派な人間になっても、それはなんの意味もなさなくなってしまうんですよ。

ここにおもしろい話があります。古代神話《こだいしんわ》です。

むかし、悪魔がある町にあらわれて、

「今日から、お前たちのものをすべて俺がうばいとることにする。しかし悪魔にも情《なさ》けはある。たった一つだけ、おまえたちが残しておいてほしいものだけは見逃《みのが》してやる。明日までに残しておいてほしいものを一つだけ書き出せ。それ以外のものは一切《いっさい》、俺がうばい去るからな」

と言い残して、悪魔がひとまず立ちさった。さあ、町の人はてんやわんやの大騒ぎ。

「私はお金だ」

「俺は食いもの」

「私は、家だ」

「いや、私は名誉だ」

「私は宝石よ」

とそれぞれいろいろなものを書き出した。

あなた方だったらどうする？　なにを書きますか？　悪魔はたった一つだけしか見逃してくれないんだぜ。

さてさて、一夜明けて見ると、その町にはなんと、たった一人の人間だけしかいなくなっていたとさ。

もう、わかったね。金だ、家屋敷だ、やれ宝石だ、やれ何だと書き出した人々は、もっとも肝心《かんじん》な「命」を忘れていたんだね。たった一人だけが、「命」と書いていたので生き残ったというお話です。

いかがですか、みなさん方。現代人の、人生を考えるときの思い方に、大きな誤りのあることが教えられていると思われませんか。

金だ、家だ、仕事だ、名誉だ、愛だ、って、たしかにみんな大切なものではありますが、命あってのものでしょう。それ以外は、しょせんは人生の一部分でしかないんですぜ。

自分の人生をおごそかに考えてみると、まずは、命があるということに、感謝しなきゃ罰が当たりますよ。

罰当たりな現代人よ、人生の一部分が手に入った、入らない、で悩んでいないか…。

人生は、屁理屈やカラ威張りじゃ解決がつかないんだぜ

さて人生。もうこれでもかっていうくらい価値高く、幸福に、楽しく生きることを考えるならば、もうどこまでも現実を見つめなきゃ解決がつかない。いいかい、人生は屁理屈やカラ威張りじゃ解決がつかないんだぜ。生きてる現実、恋をする。めしを食う。クソをたれる。ひっかけば血がでる。もう、自分の人生は現実でしか解決がつかないんです。あの世にいってからのことなんて、天風哲学はだんぜん問題にしないんです。

いま生きてるこの自分自身の人生を、どうすれば生き甲斐のある、楽しい、嬉しい、幸福な人生にできるかってことでしょう。そのための方法を私は教えてるんですぜ。

「死んでから幸せになれる、ってほうが俺にはあってる」という人は、まあいないとは思いますが、もしいらっしゃったら、どうぞ、お寺でもどこにでもいってください。ですがね、たった一回しかない人生を、いま生きてるこの人生を楽しまなきゃ損だと思うんだが、どうですか、みなさん方。

自分の人生を極楽にする秘訣は、いたって簡単なんです。いいですか、心のもち方を切り替えりゃいいんです。

やればできますよ、あなた方も。心もちを、ぱっと変えちゃえばいいだけなんだから。まことに人生は、心ひとつの置きどころなんです。

たとえば嫌だと思うことを好きになればいいんだよ。つまらないっていうことを、おもしろく考えりゃいい。ちょいと聞くと今まで考えたこともないから難しいように思うかもしれないけれどね。

なにか欲しいものがあった、そいつが自分のものにならない。そうすると現代の人はすぐに煩悶《はんもん》を起こします。

欲しいと思うものが自分のものにならなきゃすぐ煩悶。欲しいと思うものが自分のものになれば嬉しがって満足するだろうけど。しかしそういう世渡《よわた》りしてちゃだめなんですよ。

欲しいっていうものが自分のものにならなかったら、現在自分が持っているものを嬉しい、と思うように考え方を変えればいいんです。欲しいと思っても、どうしても手に入らないってものがあったらどうする。あきらめるだろう、あなた方。

たとえば、自分が見る影もないおかちめんこに生まれて、そして隣の人が非常にきれいな人であった場合、どないかしてこのきれいな人になりたいっていったって、なれないじゃないか、生まれ直さなければ。でも生まれ直せないもんね。そしたら、もう現在のこのままで「ありがたい」って思ってればいいじゃない。

私いつも言うでしょう。現在ただいますべてに感謝しなさいって。

結局ね、むずかしい言葉を使えば、人生に生きる刹那刹那《せつなせつな》の思い方、考え方を変えるってことが、結果において、尊い人生観というものを、ほんとうに頼もしく変えられる大根大本《おおねおおもと》なんだぜ。

だからその必要上、なにはさておき、現在感謝《げんざいかんしゃ》ということを、自分の心の中に、本当にどんな場合があっても、ゆるまないように注意ぶかく堅持《けんじ》しなさい。「いやだなあ」とか、「つまんねーな」と思うのは、結局、現在感謝がピンボケになってるからですよ。

良い時に感謝しないんだから、悪い時にはもっと悪くなるよ

現在感謝《げんざいかんしゃ》というものが、本当に心の中にしっかりと持たれていれば、どんな場合でも、自分の心の中に曇りというものがでてこないから、なんとも形容のできない、生きがいを感じて生きていかれるんです。

現在感謝を感じない人は、どんないい目にあっても嬉しがりませんよ。そういう人間は、はたから見ると「あんなに恵まれているのに、まだいけねえのかい、罰当たりな」って思っても、本人はそれで満足してないんですから、

ちっとも嬉しくもおかしくもないだろうと思います。良い時に感謝しないんだから、悪い時にはもっと悪くなりますよ。

ねえ、人間を幸福にする、幸福にしないっていう秘訣は、たったこういうデリケートなところにあるんですぜ。

「満ち足りないから俺は幸福を感じない」っていう気持ちでいたら、そりゃもう、現在の人生をなん百回くり返したってだめよ。

そんな気持ちをもってる人間に「ああ、これでもってもう結構であります。何もいりません」なんていうふうに考える時はこないんだから。

本当にあなた方が困ったことがないもんだから、「もっと、もっと」という強欲《ごうよく》ばかり燃えるんだよ。

そうすると私なんかありがたいわね。八年のあいだ、ぜんぜんたった一人で山の中、あるのは自分の体だけという状態。身につけるものなんにも持たないで、生活していった長い月日《つきひ》を経験してますから。

それで私は大富豪《だいふごう》とて、恐らくはできないと思われるような贅沢《ぜいたく》な生活もしたかと思えば、乞食《こじき》でもしないだろうと思うような、いわゆる危険をともなう貧しさで生きてたこともあります。

上から下までピンからキリまでやってる自分の経験の中で、「どれがいちばん幸福だった」って訊《き》かれると、はた目で見ていちばん幸福そうに感じられるシナ（中国）の最高政務顧問《さいこうせいむこもん》をしていた二カ月の間が、いちばん、二度とあんな境涯《きょうがい》は一日でもいやだなって思いますよ。

しょっちゅう三十人ほど、シナのきれいな若い女ばかりが、それがあたくしの周囲にかしずいてんの。

「えん」と言えばタバコ。「おほん」と言えば紙というふうに。それで三度三度、北京料理《ぺきんりょうり》のあの、もう匂《にお》い嗅《か》いだだけで満腹《まんぷく》になりそうなご馳走《ちそう》で

す。痒《かゆ》いところに手がとどくというのはあれでしょう。横のものを縦にしなくても生きてられるんですから。(笑)

それで金はふんだんにあるしね。「なんでも欲しいものおっしゃってください。すぐに持ってきますから」って。人間ていうのは不思議なもんでね、そう言われると何を欲しがっていいのかわからないくらい、何にも欲しくなくなっちゃうんだよ。

そのかわり、ああ疲れたって伸びすることもできなきゃ、くしゃみすることもオナラすることもできないんですよ。

寝床《ねどこ》の中に入りゃもう、床の中に両側にちゃんと女が二人ついていて、夜明けまでそばにくっついていてくれるし。(笑)

現在感謝でいくと、そりゃもう、一秒一秒が楽しく生きられる

こういう話をすると、若い男の中には、「いやあ幸せだなあ、天風先生は。もう本当かいな。一日でも代わりたいなあ」なんて思うかもしれませんけど、人間ていうものはね、一対一で勝負ができるものなの。三十人もそばにいてごらんなさい、「あの女いいな」って思ってみても、交渉をひらくことだってできないいんだぜ。

いわんやまして両方に一人ずつ、鉄道の枕木《まくらぎ》みたいに横になってるやつい

たんじゃ、どっち向いたって不公平になるじゃないか。やむにやまれず天井《てんじょう》向いてなきゃいけない。（笑）

あなた方笑ってるけどね、そりゃもう、一日も早くこんな境涯《きょうがい》から逃げたいと思ったよ。時間から時間まで、もう膝《ひざ》くずすこともできないんだもん。ありゃ軟禁《なんきん》だね。

たった一人で、蒙古《もうこ》やインドの山の中で、寝たいときは寝て、起きたいときは起きる、これいちばん気楽だよ。

それで心の中では、「ああ、こんどはあれを日本に帰ったら食ってみてえ」とか、「あんな遊びをしてみてえ」なんてことを、想像を描《えが》いているときの楽しみってものは、もう、はかりしれないものですよ。

結局、思えば思うほど楽しい、考えれば考えるほど嬉しい、ということだけを心の中の絵巻物《えまきもの》の中に、はっきり、しょっちゅう消えないかたちで書きどおしに書いて人生に生きることこそ、人生極楽の秘訣だぜ、これ。

そして現在感謝です。現在感謝わすれるなよ。現在感謝、現在感謝でいくてえと、そりゃもう、一秒一秒が楽しく生きられるから。ということを忘れずに、現在たった今から、毎日毎日楽しく生きてごらん。

いいかい、もうどんなことがあったって、現在感謝。いままでのようにすぐ不平不満を言うようなそんなケチな気持ちや心もちは、海の中なり山の中に捨てちまえ。

来年こそやるぞ、来年こそやるぞ、なんて思ってると、五十年くらいすぐにたってしまって、あっという間に人生終わってしまうからね。

みごとあっぱれっていうようなプライドを持って生きられることを、広き意味における世界人類の幸福のために、天風、熱意をふるってお願いして、今日の講演を終わりにします。ご清聴ありがとうございました。

天風成功金言・至言一〇〇選

「中村天風 成功手帳」より

●目にふれるすべての物は一切合財すべて人間の心のなかの思考から生みだされる。
●人生は心一つの置きどころ。人間の心で行う思い方、考え方が人生の一切を良くも、悪くもする。
●人間は進化と向上という、偉大で尊厳な宇宙法則を実現化するために、この世に生まれてきたのである。
●人間の心は、人生の一切をよりよく建設する力があると同時に、また人生をより悪く破壊する力もある。
●自分の人生を建設せんとする意気込みが、やがて世界中の人間の人生を建設することになる。
●真理は足元にある。
●健康や運命に関係なく、いつも元気でいられるのが人間である。
●人間の力でどうにもしようがない運命というものはそう沢山あるものではない。
●運命には二種類ある。どうにもしようのない運命を天命と言い、人間の力でうち開くことのできるものを宿命と言う。
●人生を光明あらしめんがためには、第一に宿命を統制し、天命に安住することである。
●人間は、健康でも、運命でも、それをだんぜん乗り越えていくところに、生命の価値がある。
●広大無辺の大宇宙よりも更に心は大きい。

●運命に対しても、健康に対しても、あくまでも自己に絶対の責任がある。
●人生はどこまでも生かされる人生であっちゃいけない。生きる人生でなきゃいけない。
●一日の人生に生きるときに、お互いに勇気づける言葉、喜びをわかちあう言葉、聞いても何となく嬉しい言葉を言い合おう。
●理想は、その人を偉大にも、はたまた、きわめて価値なくもする原動力をもっている。
●「百害あって一利なし」というのが取り越し苦労。
●ほんとうに楽しいときには、楽しいなんて気持ちは湧かないで楽しい。
●意志の強いっていうのと、強情っぱりとを同じにしてはいけない。
●二度と生まれることのできない人生の刹那刹那は、自分というものがいつも完全な主人公でなければならない。
●欲望には苦しい欲望と、楽しい欲望の二色ある。
●「ああなったらいいいな」という念願だけを心に炎と燃やさないで、もうすでに成就した気持ちや姿を、自分の心に描け。
●簡単に得たものは失い易い。
●筆を洗った真っ黒なコップの水も、水道の蛇口のところに置いて、ポタリポタリと水を落とせば、一晩のうちにきれいになってしまう。
●事業をしている人、その心に信念があるか。
●たとえ事業がうまくいかない時でも、間違いがあったのを天が教えてくれていると考えなさい。
●事業をしている人、世のために貢献するというのが、最後の目的であるか。
●どこまでもまず人間をつくれ。それから後が経営であり、あるいはまた事業である。
●事業に成功するには、自分の欲望から離れて何かを考え、その通りに実行することである。
●その道はその道を知った者から説かせることが一番いい。
●恵まれた幸運にいい気になって、自己研磨を怠ってはだめだ。
●自分の心の中に少しでも消極的なものを感じたならば、断然それを追い出してしまわなければならない。
●自分の使っている言葉によって、自分の気持ちが非常に鼓舞奨励されたり、あるいはスポイルされたりする。
●鏡に曇りがあれば、物は完全に映らない。
●恐ろしいと思っているのは、自分の心なのだ。
●蒔いたとおり、花が咲く。

●感謝に値するものがないのではない。感謝に値するものを、気がつかないでいるのだ。

●楽しいという心のあるときには、辛い、苦しいという心は同居しない。

●自分の腹が痛いのを、隣のおばさんの腹が痛いように感じなさい。

●太陽の光線は、美人の顔も照らせば、犬の糞も照らしているぜ。

●恐怖の世界に生きることほど、値打ちのないことはない。

●自己は心の主人である。

●鉛は鉛、金は金。鉛に金メッキして、俺は金だというような顔をしなさんな。

●気の弱い人が病にかかるとどうしても長引く。

●暗かったら窓を開けろ。光がさしてくる。

●ジンクス、易、縁起、そのほか迷信的な行為をする人は、自分に消極的な暗示をかけている。

●理想の中に描く絵は、もう確実に現実化したものであらしめなければいけない。

●「暑いなぁ〜、やりきれないな」でなく「暑いなぁ〜、よけい元気がでるな」と言いなさい。

●安っぽい見切りを自分につけないこと。

●人の心はその人をつくりもし、また、壊しもする。

●積極ということは、よほど注意を慎重にしないと、えてして制約のない楽天主義になる。

●大山鳴動し来るとも、ニッコリ笑っていられるような心の強い人間が欲しい。
●どんなに毛のはえている心臓であろうと、大食いな胃であろうと、あやつり人形と同じである。
●仮にも「できません」「うまくいきません」「駄目だ」とか言わないこと。
●勇気というものは、人生を統一する一切の根本基礎なのだ。
●生きがいのある人生に生きようと欲するならば、何よりも一番戒めなければならないのは心配や悲観である。
●自分が心配、怖れたりしている時、「いや、これは俺の心の本当の思い方、考え方じゃない」と気付きなさい。
●どんな些細なことでも感謝を先にして喜びで迎えたなら、黄金花咲く爛漫たる喜びの世界になる。
●水源のない川はない。
●人生とは、自己の命に喜びをできるだけ多く味わわせるようにするところに、本当の生きがいがある。
●花の咲いている根元にこのきれいな花を咲かせる養分がある。
●現在の人生はたった今から、でき得るかぎり完全な状態で生かさなければならない。
●心の態度が積極的になると、心の力が不可能を可能に逆転せしめる。

●良いことはまねしなさい。

●金持ちみんな幸福か。

●モデルが完全であってこそ、作品も完全なものができる。

●今日一日、怒らず、怖れず、悲しまず。

●心に犬小屋みたいな設計を描いて、宏壮な邸宅などできるはずがない。

●嬉しい、楽しい、有難いという言葉を言った時には、なんとも言えない快さを、その気持ちの上に感じる。

●いかなる種類の享楽にせよ、絶対に他の人の幸福を妨げるものであってはいけない。

●自分で考えて考えきれないことはするな。

●生きることの努力のみに追われ、生活の中の情味を味わわないと、真の生きがいというものを感じない。

●信念の力というものは、諸事万事を完全にする、根本的な要素である。

●神社でも、寺でも、みんな人間が建てている。

●心というものは、熟練した技師が手足のように精巧な機械を動かすように使わなければいけない。

●毎晩寝がけに、私はこう言っている。「今日一日、本当にありがとうございました。本当にうれしく、ありがたく、これから休ませていただきます」。

●具合の悪いときに具合が悪いと言ったら治るか。

●この世の中は、苦しいものでも悩ましいものでもない。本質的に楽しい、うれしい、そして調和した美しい世界なのである。

●何かしら不都合や不満を感じる場合があるならば、そういう方面から考えないで、それが完全に成った姿を自分の心に描きなさい。

●どうせ死んでしまうんなら、笑って暮らすが得か、泣いて暮らすが得か。

●できないこともやってみるという気持ちが継続されると、一つの理想になる。

●持たなくてもいい重い荷物を、だれに頼まれもしないのに一生懸命ぶらさげていないか。

●いいがいいと感謝しないんだから、悪いときには余計に悪くなる。

●初一念を貫徹する強い心が成功させる。

●朝、起きると、まず第一にニッコリ笑って、「今日一日、この笑顔を崩すまい！」と自分に約束する。

●さびついた車は、油を注いでも回らない。まず、さびを取ることである。

●人間の欲望というものは絶対に捨てることはできない。

●腕に自信のある船乗りは、静かな海より、荒波を乗り切る航海のほうが張り合いがある。
●何を志すにも自己向上を目的とし、しかも自他の幸福のためという広い意味を忘れてはいけない。
●酸いも甘いも噛み分けているはずの年配者の方が悟りが遅い。余計なこだわりが多くあるためである。
●どんなときにでも本心良心に悖った言葉や行いは断然しないこと。
●言葉には、人生を左右する力がある。この自覚こそ人生を勝利に導く最良の武器である。
●お互いに勇気づける、喜びを分かち合う言葉を使えば、この世はもっともっと美しい平和な世界になる。
●歓喜の世界に悲哀はなく、感謝の世界に不満はない。
●何事においてもその時の積極的な心の態度が、成功を生みだすことになる。
●できる人と、できていない人との相違は、要らない事に全然心を脅かされているかどうかである。
●鉄なお断つべき正宗の名刀といえども、手入れをしなければ錆び落ちる。
●できるだけ積極的な人と交わりなさい。
●病は、忘れることによって治る。
●紙に一本の線を引くにも、丸を描くにも心の在り方如何ですぐ乱れがきてしまう。

日常の心得

寝ぎわの心がけ

（一） 連想暗示法

●「悲しいこと」「腹のたつこと」「気がかりなこと」など消極的なことは寝床の中に一切もちこまない。明るく朗らかに生き生きとして勇ましい積極的なことを連想する。

（二） 命令暗示法

●鏡に映る自分の顔に、自分のなりたい状態を命令的な言葉で、たとえば、「お前は信念が強くなる！」「お前はもっと元気が出る！」と発声する。

〔実行ポイント〕

・真剣であること。
・「つぶやき」くらいの声でよい。
・一回一事項であること（二回も三回も繰返さない）。
・命令したことが現実化するまで同一命令を続行すること（途中で他のものに変更しない）。

・一日中、折あるごとにやってよいが、寝ぎわにやるのが効果的。

目ざめ直後の心がけ

（三）断定暗示法

●前夜、命令したことを、すでに具体化された状況で、断定した言葉で表現する。
例えば、前夜「お前は信念が強くなる」と命令したら、それを「私は、きょうは信念が強くなった」と自分の耳に聞こえるように言う。

〔実行ポイント〕

・目ざめた直後にやること
・鏡を用いても用いなくてもよい。
・一日中、回数多くやる方がより効果的。

日常の心がけ

（四）言葉づかい

●「困った」「弱った」「情けない」「悲しい」「腹が立つ」「助けてくれ」…など、消極的な言葉は絶対に口にしない。

（五）**感謝一念**

●不平不満を言わず、「正直・親切・愉快」（三行《さんぎょう》）を生活のモットーとする。

（六）**三つの禁止（三勿《さんこつ》）**

●「今日一日、怒らず、怖れず、悲しまず」の実行。

（七）**内省検討**

●心が積極的か、消極的か、常に客観的に検討し、少しでも消極的なものは追い出す。

（八）**暗示の分析**

●他からの暗示事項を常に分析し、積極的なものは取り入れ消極的なものは拒否する。

（九）**交人態度**

●明るく朗らかに、生き生きとして勇ましい態度で何人にも接する。

〔**実行ポイント**〕

・特に不健康・悲運の人に対しては、鼓舞、奨励以外の言葉は口にしない。

（十）**取越苦労厳禁**

●「さしあたる、その事のみをただ思え、過去は及ばず、未来知られず」

（十一）正義の実行

●本心良心に悖った言動は絶対にしない。

有事の心がけ

（十二）クンバハカ法

●感情、感覚の刺激、衝動を受けた瞬間、まず第一に肛門を締め、同時に、肩の力を抜いて、下腹部に力を充実させる。

（十三）呼吸法

●クンバハカ体勢をとりながら、まず肺の中の残気を十分に吐き出してから、息を深く吸い込む。

〔実行ポイント〕

・静かに、深く、長く行う。
・日に何度でも意識的に行う。

中村天風（なかむら・てんぷう）について

明治九年、東京王子村（現北区）生まれ。明治三十五年頃、参謀本部諜報部員として旧満州に派遣され、日露戦時下めざましい活躍をする。帰国後、奔馬性肺結核にかかり、救いの道を求め欧米を巡るも回復せず、日本へ向かう途上、ヨガの聖者カリアッパ師に奇遇、ヒマラヤのカンチェンジュンガに導かれ行修。日本人初のヨガ直伝者となる。

帰国後、突如感ずるところあって、社会的地位、財産を放棄し、辻説法に転じる。その波瀾の半生から得た人生成功の哲学は、触れる者をたちまち魅了。

東郷平八郎元帥、原敬氏、ロックフェラー三世、松下幸之助氏、倉田主税氏、浅野総一郎氏、双葉山定次（元横綱）、廣岡達朗氏、宇野千代氏…、戦前戦後を通し、各界の頂点を極めた幾多の人々が「生涯の師」として心服した。昭和四十三年没後も、TDK相談役素野福次郎氏、京セラ名誉会長稲盛和夫氏など、天風門人となる者が後を絶たない。

著書「真人生の探究」「研心抄」「錬身抄」（いずれも天風会刊）「成功の実現」「盛大な人生」「心に成功の炎を」「いつまでも若々しく生きる」（いずれも日本経営合理化協会刊）他。

君に成功を贈る　定価：本体一、八〇〇円（税別）

二〇〇一年　十一月　十六日　初　版　発行
二〇一三年　九　月　二十日　三十七版　発行

検印
省略

述　者　中村天風（なかむら　てんぷう）
発行者　牟田　學
発行所　日本経営合理化協会出版局
東京都千代田区内神田一―三―三
〒一〇一‐〇〇四七
（電話）〇三―三二九三―〇〇四一（代）
インターネット http://www.jmca.jp

装　丁　五藤万晶
印　刷　精興社
製　本　牧製本印刷
表　紙　竹尾
扉　紙　竹尾
本文用紙　大倉三幸

ISBN978—4—89101—020—1　C0010